口絵❶

十二支

唐草十二支文鏡

（隋〜唐代：6-7世紀、出土地不明）

早くから農耕がおこなわれていた土地では、暦の成り立ちも古い。それはおのずと天に関する意識や知識の拡充をうながした。古代の中国では、天上界は仙人の世界であり、人は死すと西方の崑崙山の神仙界をめざすという神仙思想が戦国時代から漢代に形成された。当時の鏡には、神仙界をかたどった図像が豊富にみられる。十二支鏡はその流れを汲んだ隋代の鏡であるが、十二支獣が時計回りに描かれているのは、十二支が本来方位をあらわすことに由来する。

（径：15.8cm）

口絵❷

子

隼人石第一石

（奈良：8世紀、奈良市那富山墓）

聖武天皇の皇子のものとされる墳墓の周囲に配された獣頭人身像の線刻をもつ４つの石のうちのひとつ。江戸時代には狐や狗ともされ、隼人石の名称は宮門警護にあたった隼人が犬吠をするという記録に由来する。しかし、現在では頭上の「北」の文字から、この像は「子」をあらわし、元来は十二支像がそれぞれの方位に配されていたと考えられている。獣頭人神の十二支像は唐代に普及し、その石像は新羅の墳墓で盛行するが、国内ではめずらしく、本像は裸像で表現も簡素である点がユニークである。

（高さ：127cm）

口絵❸

丑

ウシの埴輪

（古墳後期：6世紀、大阪府高槻市今城塚古墳）

古墳時代のウシは鼻の穴が4つあったのか。そんなことはなかろう。鼻の穴の上2つは紐か何かを通した穴なのかもしれない。ツノの表現がなければ、どんな動物なのかわからなかったのでは。しかしながら、ウシの埴輪自体めずらしい。これは、真の継体天皇陵ではないかといわれている今城塚古墳から出土したものであるが、内堤の一角に埴輪を列立させたステージがある。ここから136点以上の形象埴輪が出土、そのうちの1点である。古墳時代のウシの姿かたちを知る貴重な資料。

（高さ：59.5cm）

口絵❹

寅

虎卣《こゆう》

（殷代後期：前11世紀、河南省周辺）

子どものように小さい人間が、大きく口を開けたトラにかぶりつかれている。こうした像は古代中国殷周の時代に流行した。生きるか死ぬかの瀬戸際にもかかわらず、人間は無表情で死を恐れているようには見えない。トラも座った状態で、かみつく寸前で静止したままである。この光景は、単にトラに食われようとしているのではないだろう。人間も単なる人ではなく神像であろう。トラが人間形の神（神像）に噛みつく意匠は、殷代以降にたくさん見られるが、何を意味したものかは不明である。

（高さ：35.7cm）

口絵5

卯

月象八稜鏡《げつしょうはちりょうきょう》

（唐代、出土地不明）

満月に見立てた円形の中央に月が原産の桂花（木犀）、右側に臼を搗く兎、左側には西王母の不老不死の薬を盗んで月に逃がれた仙女・嫦娥《じょうが》とその化身である蟾蜍《せんじょ》（ヒキガエル）を配す。いずれも古代中国で月に存在すると信じられていた。本来兎が搗いていたのは餅ではなく、不老長寿の仙薬であった。同様のモチーフは聖徳太子の死を悼んで妃が作らせたと伝わる飛鳥時代の「天寿国繍帳」（中宮寺・国宝）にも見られ、この頃には日本に月の兎のイメージが伝わっていたことが知られる。

（径：12.3cm）

口絵6

辰

竜形土製品

（弥生後期：2世紀、岡山県倉敷市矢部）

段差のある眉間、細長い顎、口の周りの線はひげをあらわしており、龍をかたどった土製品に間違いない。頭と口が開口しているので、注ぎ口のついた器とみてよい。中国の漢代には土でつくった龍の器があり、それで水を注ぐと雨が降るとされた。龍を描いた弥生土器はしばしば井戸から出土するので、弥生時代の龍は水と深くかかわっていたのであろう。この器も雨乞いに用いられたのかもしれない。

（高さ：約9cm）

口絵7

巳

蛇と人面の装飾付土器

（縄文中期：前4000年紀、長野県岡谷市榎垣外遺跡）

つり上がった目と鼻が特徴の人間離れした人面表現をもつ土器である。頭部のまわりと土器の胴体表面に蛇がまとわりつくように表現され、土器全体が蛇と人間からなる身体そのものをあらわしているかのようである。一見、爬虫類的な顔立ちは不気味であるが、口を開け何やら微笑みかけるように見える。このような縄文人のヘビに対する崇拝や信仰は、縄文中期に流行したが、その後は完全に失われてしまう。縄文世界の神秘性が垣間見られる資料である。

（高さ：42cm）

口絵 8

午

馬形埴輪

（古墳中期末～後期初頭：5-6世紀、奈良県橿原市四条１号墳）

トロイの木馬のミニチュア版というわけではない。誇張されているものの当時の馬装を考えるうえで貴重だ。鞍や馬鈴などの表現がすばらしい。これだけ豪華に装飾されたウマの埴輪を有する古墳の被葬者とはどんな人物であったのか。この埴輪が出土した四条１号墳は、藤原京造営時に削平されたらしく、発掘調査で初めて発見された方墳であるが、周濠より笠や翳《さしば》など大量の木製品も出土、古墳時代の葬送儀礼が復元できる一級資料として埴輪群とともに注目されている。

（高さ：106cm）

口絵⑨

未

双羊尊《そうようそん》

（殷代後期：前13-11世紀、おそらく湖南省）

尊《そん》は神に捧げる酒の容器だ。二頭の羊を背中合わせにし、左右対称につくられた青銅器である。両手で包み込んで捧げ持つと、まるで二頭の羊を抱いているかのようだ。背中には容器の口、顔や脚の付け根には神秘的な紋様を配し、全身を覆う鱗は羊の縮れ毛をあらわしているのだろう。羊の象徴である二本の角は後頭部から大きく彎曲して両頬へとのびている。その顔には何のてらいも気負いもなく、静かな表情は超然としてさえ見える。二頭がお互いに視線を交えることは永遠にないのだ。

（高さ：45.4cm）

口絵⑩

申

サルの埴輪

（古墳後期：6世紀、茨城県行方市大日塚古墳）

腰をかがめて後ろを振り返るサルの一瞬のしぐさをとらえて簡潔に表現した、動物埴輪の傑作。肩には腕がもげた痕があり、背中に粘土のはがれた痕がある。後ろに手を回して子ザルを背負っていたのであろう。群馬県前橋市後二子古墳から出土した円筒埴輪には、子ザルを背負った親ザルが貼り付けられていた（「申」p.128参照）。下からイヌに追い詰められて木に見立てた円筒埴輪によじ登っている場面である。こうした埴輪の存在も、本例の推測の妥当性を高めている。

（高さ：27.3cm）

口絵⑪

酉

鶏形木製品

（弥生終末：3世紀、奈良県桜井市纒向石塚古墳）

周濠に落ち込んでいたために、地下水のおかげで腐らずによく残った鶏形木製品。ひと目で鶏とわかる単純明快な形は一枚の薄い板を削り出してつくったものだ。余計なものをそぎ落とし、頭に戴くトサカで鶏を表現してみせている。鶏のトサカが赤いのはよく知られているけれど、この鶏はそればかりか胴体の両面・側面までも真っ赤に塗られている。赤は魔除けの色だという。邪を祓う霊鳥をかたどった鶏の力を高める効果を期待して全身に纏わせたに違いない。

（長さ：39cm）

口絵⓬

戌—1

犬形埴輪

（古墳後期：6世紀、大阪府高槻市昼神車塚古墳）

古墳上でイノシシ狩猟の場面に配置された犬形埴輪。定型的で無表情なイヌかと思いきや、よく見ると線で口を描いただけでなく、さらに短い縦線を何本も書き込んで歯を表現している。あたかも唇をめくりあげて歯を剥き出し、「うー」と低く唸っているようだ。獲物のイノシシを威嚇しているのであろうか。首にはひもがまわされ、このひもは後ろで結ばれている。ぴんと三角形に立った耳や復元ではあるがくるりと巻いた尾は、現代の狩猟でも活躍する四国犬など日本犬のりりしい姿を思わせる。

（高さ：59.3cm）

口絵⑬

戌—2

唐蘭船持渡鳥獣之図 犬之図「阿蘭陀狩犬」

（江戸：18-19世紀）

江戸時代に長崎を通してオランダから輸入されたイヌ。「阿蘭陀犬之子　牡　高サ弐尺壱寸程　長サ弐尺四寸程」との記載から、高さ（体高か？）約63cmとかなり大型である。現在見られるイヌの全品種が当時すでに成立していたわけではないが、鼻面が細長く四肢や尾の長いその風貌は、俊足を誇る現代のグレイハウンドにそっくりだ。これら唐蘭船持渡鳥獣之図のうち、犬之図は他に80点残されており、チワワに似た小さなイヌやポインターに似た大型犬など、西洋系のイヌが多く描かれている。

口絵⑭

亥

猪形土製品

（縄文後期、青森県弘前市十腰内２遺跡）

大きなブタ鼻と小さな丸い目、逆立つたてがみ、二つに分かれた蹄など、イノシシの特徴を的確にとらえた土製品。頭部から身体にかけては、この頃の縄文土器とよく似た文様がつけられている。縄文時代の中期以降には東日本各地で多くの猪形土製品がつくられたが、それらの中でも最も写実的でイノシシらしいイノシシであろう。丸々と太ったこのイノシシ、耳としっぽをぴんと立て、四肢を踏ん張り、見る者を威嚇しているのかもしれないが、どうもかわいらしい印象が否めない。

（長さ：18cm）

口絵⑮

熊

熊骨偶

（オホーツク文化：８世紀、北海道北見市トコロチャシ跡遺跡）

十二支獣に含まれない動物の代表として、クマをとりあげよう。トドの骨からつくられたこの製品は、クマの全身がきわめて精緻にかたどられており、表情や体の曲線には優美さも感じられる。北海道の先史文化にはクマの造形が多く認められるが、なかでもオホーツク文化では、クマは儀礼の対象として特別な扱いを受けていた。アイヌ文化の「熊送り儀礼」の起源を解明するうえでも重要な資料である。

（長さ：5.4cm）

口絵⑯

猫

ネコの彫像

（エジプト末期王朝：前664-525年、出土地不明）

ネコも十二支獣に含まれないが、身近な動物の代表といえる。写真は古代エジプトの末期王朝時代にバステト女神への供物として製作されたネコの彫像。古代エジプトにおいてネコは、悪の象徴である大蛇アポフィスと戦う太陽神ラーの化身として崇められたが、その一方で、害獣であったネズミの駆除のため、また愛玩用ペットとして家の中で飼われていた。中王国時代や新王国時代の私人墓の壁画の中で、飼い主の椅子の下に座ったり、狩猟につき従う様子のネコがしばしば描かれている。

（高さ：11.6cm）

十二支になった動物たちの考古学

設楽博己［編著］

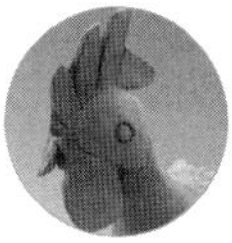

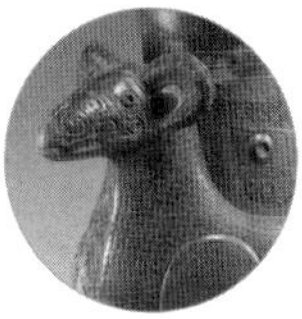

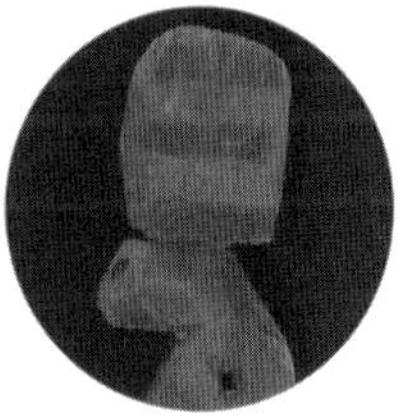
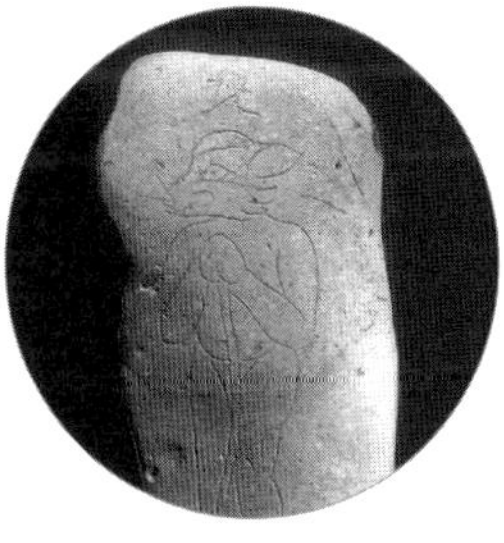

新泉社

はじめに

どんなに科学技術が発達した今日でも、「今年は子年だね」とか「誰々さんは丑年生まれだから」とか言って、十二支の動物たちは私たちに身近な存在です。

十二支は、中国で生まれました。その歴史はたいへん古く、紀元前一六世紀に興った殷の時代に一〇日を一旬として六旬を周期とする各日の名に「干支」が用いられ、戦国時代（紀元前四〇三～二二一年）以降には、日付を示すのに加えて年月時刻や方位をあらわすのに用いられるようになりました。

その頃はまだ「子」「丑」という言葉だけでしたが、遅くとも秦代（紀元前二二一～二〇六年）に十二支に「動物」があてられるようになりました。後漢代（二五～二二〇年）に王充が記した『論衡』物勢篇には、現在の「十二獣」との対応が明確に認められます。

本書は、この十二支というかたちで人とたいへん身近な動物たちを取り上げ（想像上の「龍」もいますね）、それぞれの動物の利用の痕跡、動物の造形品、動物のことが記された文献など多角的な方面から、人と動物のかかわりの歴史を掘り下げたものです。

稀代の博物学者、南方熊楠の代表作に『十二支考』という書物があります。古今東西の文献から得た神話や言い伝えなどの知識を総動員した、十二支の動物にまつわる文化史です。それに対して本書は、南方熊楠がほとんど扱わなかった考古遺物も考察の対象に加えました。新たな試みとして読んでいただければ幸いです。

十二支になった 動物たちの考古学❖目次

装幀 勝木雄二

子

ネズミ

ネズミを表現した文化財というと、奈良市の那富山墓《なほやまのはか》に配置された隼人石に刻まれた子像や、キトラ古墳の壁画に描かれた子像が有名だ。ただし、この二つは十二支をモチーフにしているから、そのひとつとしてネズミを表現したにすぎない（**口絵②**）。そもそも日本国内の遺跡では、ネズミの骨が目立つほど出土することはほとんどない。土器などにネズミが表現されていることもまずない。こんな小さな生き物がいったい人類の歴史を解明する考古学にとって何の役に立つのか、そんな感じがしてしまう。しかし、このネズミが、じつは、世界を見回すと、人類の歴史の解明に大きく貢献するようになってきている。

1◎ネズミが語る人の移動

時は紀元前一五〇〇年、ヨーロッパの先史時代の時代区分でいうと後期青銅器時代。地中海を航行していた交易船がトルコ南岸沖で沈没してしまう。この沈船から小さなネズミの下顎骨が見つかった。研究者は、臼歯の輪郭を現代の標本とくらべるという地道な調査の末、それがハツカネズミのものであり、現在のシリアに生息するグループにもっとも近いことを突き止めた（**図1**）。この結果から、この船が最後にシリアの都市ウガリットに寄港したことがわかった。

船は、銅や錫のインゴット、象牙や金銀の宝飾品、古代エジプトの装身具「スカラベ」、ギリシアのミケーネやキプロスの土器など多彩な交易品を積んでいた。ネズミの餌となる穀物もたくさん積載していたと推定されている。最後の寄港地で船に乗り込み、運命を共にして沈んでいった哀れなネズミの犠牲と引き換えに、船の航路を解明するという成果が得られたのである。

アメリカ大陸を「発見」したのはコロンブスだと思っている方も多いだろう。しかし、コロンブスがアメリカ大陸を発見するよりも五〇〇年以上前に、北欧のバイキングがすでに北米まで到達していたことを、バイキングの大航海に便乗していたハツカネズミが証明してくれた。北米最大の島グリーンランドの一〇世紀のバイキング遺跡から発掘されたハツカネズミの骨のDNA分析により、ハツカネズミはバイキングとともにイギリスやノルウェーから渡ったことが明らかになったのである。

しかし、同じくバイキングが上陸したことがわかっている、カナダ東岸のニューファンドランド島の遺跡では、ハツカネズミは見つかっていない。このことは、バイキングの滞在が一時的なもので、ネズミが拡散するまでに至らなかったことを示している。

人間の近くにいることによって餌にありつける、また生息域を拡大するために本能的に船に乗ったネズミの行動が人類の移動や交易活動を解明するのに役立ったわけだ。

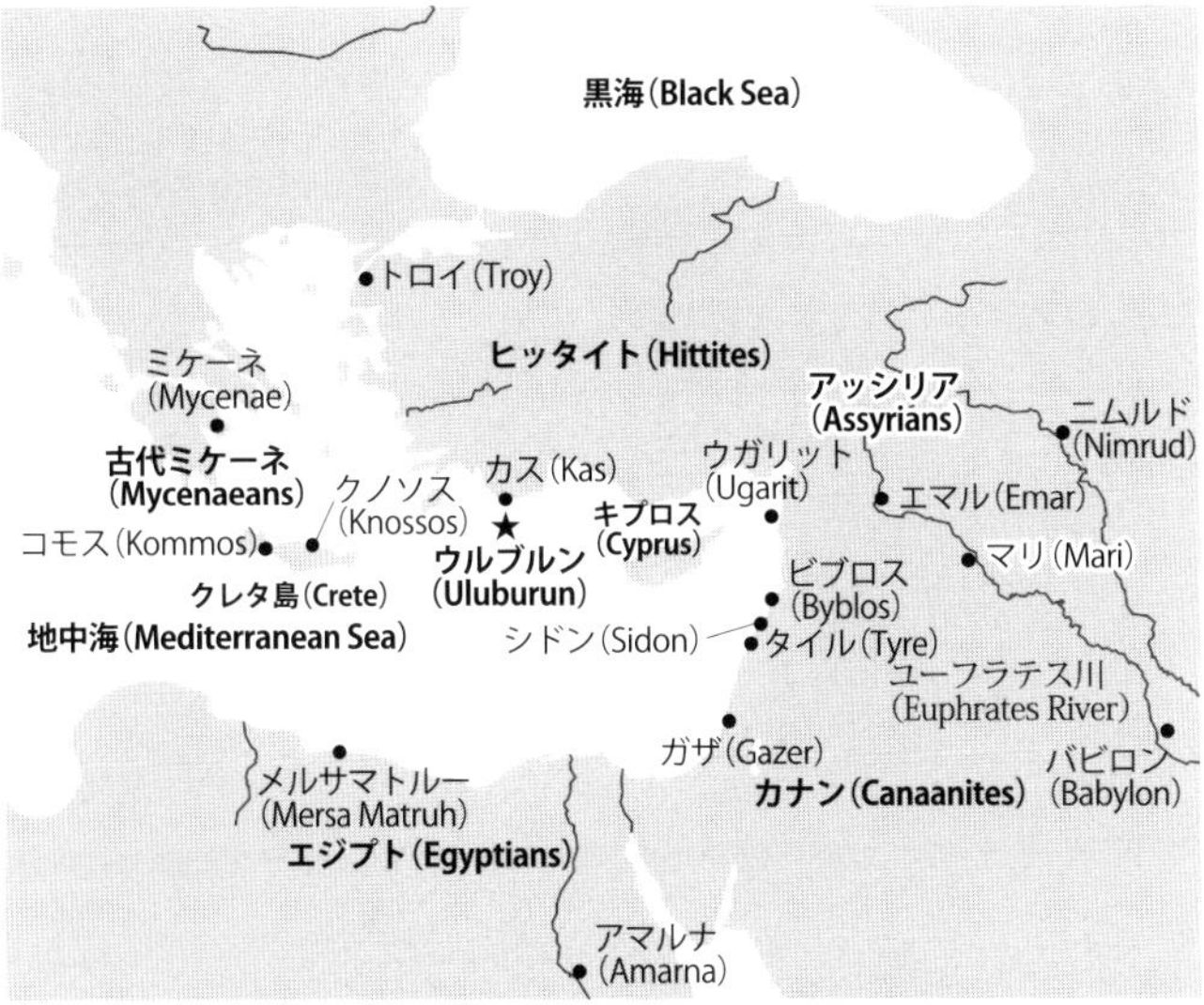

図1◇当時の主要な地名と船が沈んでいた地点（★）

2◇南洋を航海したネズミ

先史時代の人類にとってもっとも大規模な航海はオセアニアの島々への移住だろう。ここにもネズミが便乗していた。ナンヨウネズミのDNA分析から、二つの人類の拡散ルートが明らかになった。類似した遺伝的構成をもつグループを調べてみると、(1)東南アジアの島嶼部、(2)ニューギニア島などメラネシアの島々、(3)ハワイ、ニュージーランド、イースター島を結ぶ大三角形（ポリネシア）の三つに大きく分けられることがわかった。そして、オセアニアの島々への人類拡散の出発点はインドネシア東部の島嶼部にあり、(2)のニューギニア島などメラネシアの島々へは約四万年前に始まった移住の第一波を示し、(3)のポリネシアの分布は約三〇〇〇年前に起こったラピタ人と呼ばれる人々の大航海と一致することも明らかになった（**図2**）。

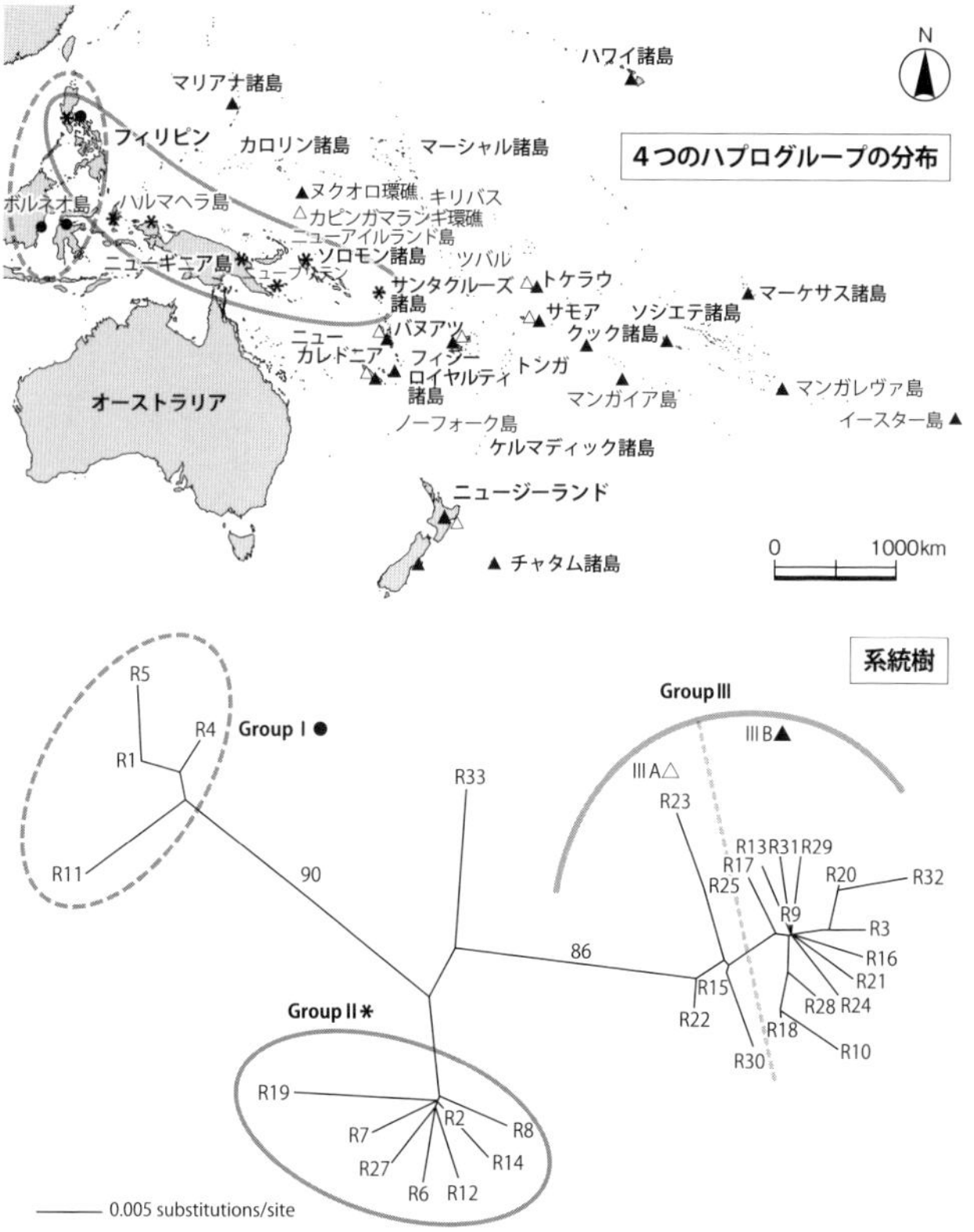

図2◎ナンヨウネズミの拡散

　モアイ像でなじみ深いイースター島。ポリネシアの最東端に位置し、もっとも近い島から約二一〇〇キロ、南米大陸のチリからは約三六〇〇キロも離れた孤島である。かつては巨大なモアイ像を製作した高度な技術の存在から、南米から人類が渡ってきたとする説もあったが、現在では、言語、人骨の形質とDNA、物質文化、そしてオセアニアに広く分布するナンヨウネズミがいることから、ポリネシアの島々を渡ってきたことが明らかになっている。

　このイースター島は、ポリネシアの島々の中で遺跡から出土するネズミの骨の数が魚の骨を上回る唯一の島といわれ、盛んにネズミを食用にしていたと考えられている。その背景には、絶海の孤島という過酷な環境の中でタンパク源が限られていたことが挙げられる。豊富であった陸鳥の絶滅や大型魚の消滅、食用となる貝の小型化など、食料事情が徐々に悪化したことを物語る証拠も得られている。森林破壊も深刻であった。ヤシなどの大型樹木は燃料や建築材、カヌーの用材として重要であっただけではない。森林破壊は作物を育む土壌の浸食をもたらし、食料不足に拍車をかけた。巨大なモアイ像や土台（アフ）を競って築き上げ、発達した社会はこうして崩壊を迎えた。イースター島は環境破壊による文明崩壊の例として取り上げられ、現代の環境問題を考えるモデルにもなっている。

ところが、こうした従来のシナリオに対して、森林破壊を招いたのは人類ではないとする反論が出されている。ここでもネズミは重大な役回りを演じている。いわく、森林破壊は人間による伐採、焼き払いだけでなく、ネズミによる食害が大きかったと。そもそもイースター島では農耕が食料の基盤であり、ヤシの実は食料としてもカヌーの用材としても重要ではなかったという。

しかし、一方で、他の島々にもネズミは生息するのに森林破壊が起きなかったのはなぜか、ネズミが食べない種類の木も減少している、ヤシは何百年も生きるので高齢の木は残るはず、といったネズミの影響についての再反論も出されている。

この論争を解決するには、高精度の年代測定とネズミの骨や植物遺体の分析により、人間活動、ネズミ食害、森林破壊の進行の関係をより詳しく明らかにしていくしかないだろう。

さて、オセアニアの島々への人類拡散で、人類が最後に到達した島の一つがニュージーランドである。その年代については、紀元前二〇〇年から紀元一〇〇〇年以降まで諸説あり、決着を見ていなかったが、その解明にもネズミが一役買った。

紀元前二〇〇年説は、人間が持ち込んだナンヨウネズミの骨の放射性炭素による年代測定結果を根拠としていた。ところが、近年実施された、ネズミが齧った痕跡のある種子の放射性炭素年代測定の結果は一四世紀頃に集中する一方、それより古い年代の種子には齧られた痕は見つからなかった。ネズミの骨の再測定結果も新しい年代を示しており、かつての測定は試料の処理法に問題があったとされた。このネズミの骨の分析結果は、ニュージーランド最古の遺跡が出現する一三世紀が、人類のニュージーランドへの到達時期であることを裏付けたのである。

3◎農耕とネズミ

農耕社会が到来して、ネズミは人類を大きく悩ます動物になった。農耕社会の特徴の一つは、決まった時期にしか収穫できない穀物を貯蔵しておくことである。人間の側で食料を集め、いつでも食べられるようにしてくれるのである。ネズミにとってこれほどありがたいことはない。

西アジアのレバント地方では約一万五〇〇〇年前から定住化が始まり、一万二〇〇〇年前頃には穀物の栽培と家畜飼育を開始した。この時期のシリアやトルコの遺跡では、集落とその中の住居密度が増大している。このことは人口の増加を示しており、その背景には穀物貯蔵の発達があると考えられている。ハツカネズミも飛躍的に増加していることがわかっている。貯蔵食料と集落がハツカネズミに絶好の生息環境を提供し、人間社会への寄生が進んだのである。

その後、ハツカネズミは農耕の伝播とともにヨーロッパへも拡散していった。ネズミにとっては食料の確保だけでなく、暖かい住処を提供してくれる定住的な農耕社会の到来は、それまで進出できなかった寒冷地への拡散を可能にする好機であった。

人間の側も手をこまねいて見ていたわけではない。現在では愛玩動物の側面が強いネコだが、その飼育の開始はネズミ対策と関連する。ネズミに騙されて十二支の仲間入りができなかったネコだが、ここでその歴史も若干触れておくことにしよう。

最近の遺伝学的研究によると、ネコは、農耕の発祥地である西アジアのヤマネコにもっとも近縁で、この地域で家畜化された可能性が高いことがわかってきている。遅くとも約四〇〇〇年前のエジプト中王国時代には飼育されており、バステトと呼ばれる女神として信仰されていた。

地中海に浮かぶキプロス島では、人の埋葬に近接してネコの全身骨格が見つかった。西アジア本土から農耕文化が伝わった頃、約九五〇〇年前のものだ。残念ながら骨の残り具合が悪く、家畜化の程度は不明だった。だが、キプロス島にはネコ科動物は自生しないので、人間が持ち込んだのは間違いない。全身が見つかっているので食用にされたわけでもない。どの程度飼いならされていたネコかは不明としても、埋葬された人物と深いつながりをもっていたことは明らかである。やはり穀物を求めてネズミがやってきて、そのために人間がネコと接近を始めたとみるべきだろう。

4◎都市遺跡とネズミ

農耕の開始に続いて到来する人類史の大きなステップは、都市の成立である。農耕の発展が食料の余剰を生み、生産に直接従事しない専門的な職種が生まれ、集住が進んだと説明される。都市にはつねに食料があり、暖かい空間が存在する。年中暖かく、食料が豊富にある現代の都市でも、クマネズミやドブネズミなどの家ネズミが繁栄を極めている。

都市の歴史にネズミは大きな、そしてありがたくない足跡を残している。舞台は一三四〇年代のロンドン。アジアで発生したといわれる黒死病（ペスト）がヨーロッパで猛威を振るい、ロンドンでは人口の約六割が命を落としたともいわれる。ペストを媒介したとされるのは、ネズミに寄生するノミである。

実際に、イギリスのいくつかの都市遺跡では、この時期にネズミとその捕食者であるイヌ、ネコの増加が見られるとの報告もあるが、最近の研究では、次のような反論が出ている。ネズミ自身もペストに感染するので、人の大量死に見合うだけの大量のネズミが見つかるはずだが、この時期のロンドンの遺跡から出土するネズミ遺体が少なすぎる。文献記録からはネズミやノミの活動が不活発化する冬にもっとも流行したことが判明した。さらに、短期間で次々に作成された遺言書からは家人の間の急速な感染がうかがわれ、ノミに嚙まれたというより対人の飛沫感染が疑われるという。スコットランドやアイスランドで、ネズミがいないのにもかかわらずペストが流行している点もネズミ主犯説に不利である。ペストについてはネズミが濡れ衣を着せられているだけなのか。

5◎弥生人とネズミ

いささか海外の例に偏りすぎたので日本国内に目を移してみよう。

日本の遺跡でネズミといわれてまず思い浮かぶのはそのものずばり、ネズミの名を冠した「ネズミ返し」だろう。食料を貯蔵しておく施設の高床式倉庫の柱を登ってきたネズミが中まで這い上がれないように据え付けた水平な板である（**図3**）。

ネズミ返しは、戦後の日本に希望をもたらした一九四七年の登呂《とろ》遺跡の発掘で発見された。苦労して収穫した穀物を狙うネズミの排除に苦心する弥生人。弥生時代が農耕の時代であることを強く印象づける発見である。しかし、登呂遺跡発掘の際には「楕円形の蓋状の木製品」とされ、用途不明だった。その後、一九五〇年に静岡県の山木遺跡を発掘したときに、倉庫跡と思われる場所から、長い柱の先に取り付けられたまま発見されたことで用途が判明したのである。

弥生人の周りにネズミがいた証拠としては、奈良県の唐古《からこ》・鍵《かぎ》遺跡の土器がユニークである。壺形土器に四本の細い掻きキズが、弧状に向かい合うように付いている。大きさや本数からネズミの爪痕と考えられている（**図4**）。形を整え、焼く前に乾燥させている土器に、米が入っていると勘違いして登ってみたせっかちなネズミがいたのか。珍しい発見である。

唐古・鍵遺跡では、弥生時代のドブネズミの骨も出土している。集落がつくられた初期にはハタネズミやアカネズミといった野ネズミが多いが、近畿地方最大級の集落に成長すると、人家周辺に棲むドブネズミが見られるようになる。集落間の交易により生息域を広げたと考えられている。その後、洪水により集落が衰退し、

図3◎復元された高床倉庫とネズミ返し
（弥生後期：1～3世紀、静岡市登呂遺跡）

図4◎ネズミの爪痕が残る壺
（弥生後期：1世紀、奈良県田原本町唐古・鍵遺跡）

再建した後期には再びアカネズミが増加するという。

　クマネズミ属のクマネズミやドブネズミはもともと日本にはいない大型種である。クマネズミの起源は東南アジアで、一一世紀頃にインドへ、そして中近東を経て一三世紀にはヨーロッパに到達したとされる。中央アジア起源のドブネズミはそれよりも遅れて一八世紀にヨーロッパへ進出し、現在ではクマネズミを抑えて世界中に君臨している。

　これら二種が大陸から日本列島に渡ってきたきっかけは、やはり稲作文化の渡来と関係しているのだろう。筆者の知るかぎり、それ以前の縄文時代の遺跡でクマネズミ属が見つかった例はない。化石でも、旧石器時代に相当する更新世の洞窟遺跡などで見つかった確実な例はない。これまでは飛鳥時代に遣唐使とともに渡ってきたという説や、江戸時代に渡来したといわれてきたので、弥生時代の例は最古の証拠となる。

　ネズミ返しは取り付け位置や大きさから見てクマネズミやドブネズミの侵入を防げそうにないので、ハツカネズミ用であり、弥生時代にはまだ前二種は渡来していなかったという見解もある。

　時代は下って、石川県の畝田《うねだ》ナベタ遺跡から出土した平安時代の木簡にはネズミが囓った痕があった（**図5**）。この木簡には否（稲）益という米の品種が書いてあり、籾の付け札と考えられている。同じような痕跡は朝鮮半島の三国時代・新羅（六世紀半ば）の城山山城跡から出土した木簡でも確認されている。新羅北部から貢進されたヒエの付け札である。穀物倉を住処とし、穀物を齧って暮らしながら、伸びきった前歯を木簡で研いでいるネズミの姿を想像するのも楽しい。

　農耕社会に寄生して移動するネズミは、日本でも農耕の波及を裏づける指標となるかもしれない。今後注意が必要な存在である。

図5◈ネズミの歯形が残る木簡
（平安：9世紀、
石川県金沢市畝田ナベタ遺跡）

　日本におけるネコの歴史についても触れておこう。ネコはいつから日本列島で飼われていたのだろうか。文献では、平安時代の宇多天皇の日記『寛平御記』に、ネコの飼育に関する記事がある。自身が飼っている黒猫の特徴を細かく述べ、他の猫よりもネズミを捕まえるのがうまいこと、毎朝乳粥を与えていることなど、愛猫家ぶりが伝わってくる。仏教の経典をネズミから守るために、仏教伝来の頃に輸入されたとの説も古くからある。

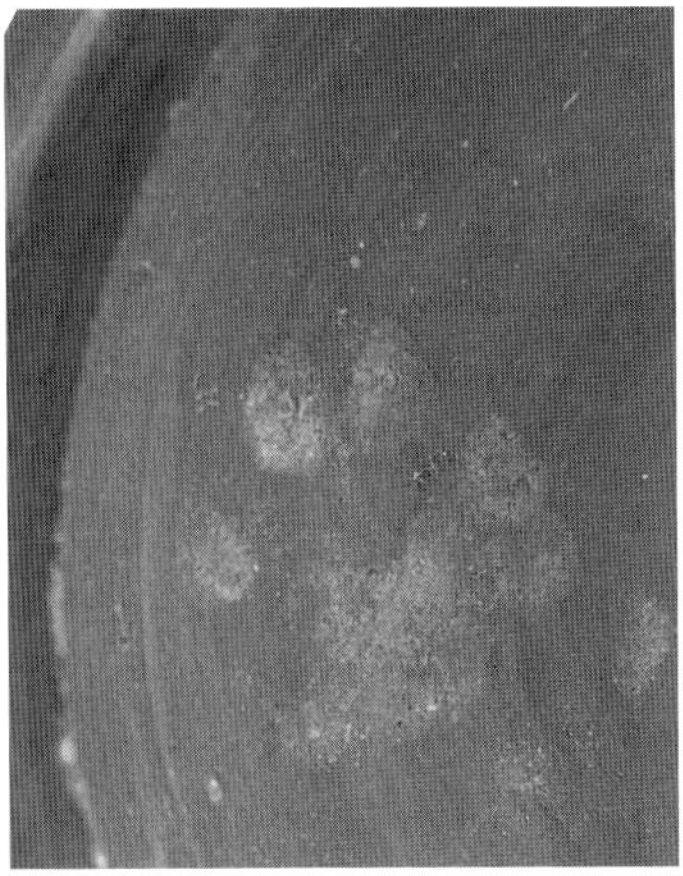
図6◈須恵器に残されたネコの足跡
（古墳後期：6〜7世紀、
兵庫県姫路市見野古墳群）

　兵庫県姫路市の見野《みの》古墳群から出土した須恵器には、ネコの足跡が残されていた（**図6**）。大きさや形から、また焼く前の土器に足跡を付けるほど人の身近にいた点からも、ヤマネコではなく、イエネコと考えられている。須恵器の年代は六世紀末から七世紀初めである。

仏教が伝来して間もない頃の例で、右の説と矛盾しない。

壱岐島の弥生時代の環濠集落遺跡、カラカミ遺跡からは、イエネコの可能性がある骨が出土している。年代測定の結果、紀元前一世紀の値を示した。日本列島でも、農耕の開始にともなってネズミとともにネコも渡来したのか。

6◎縄文人とネズミ

では、弥生時代の前、縄文時代に人とネズミはどのような関係にあったのだろうか。

縄文時代の貝塚の発掘調査では、貝層を細かい目のふるいに入れて水洗いする。魚の骨などの小さな遺物を回収するためである。そうすると必ずネズミの骨が混ざっている。その量はイノシシ、シカ、タヌキなどの主要な獲物に比べれば微々たるものであり、食用にしたと言えるほどではない。見つかるのもアカネズミやヒメネズミといったごく小型のネズミであり、少量ではとても食用にはならない。こうしたネズミの骨は何とも解釈が難しく、出土の報告はされても、解釈は保留されるのが常である。

そのような中で、珍しいネズミの出土事例に遭遇したことがある。東京都北区の七社神社裏貝塚《ななしゃじんじゃうら》で、縄文時代後期前葉の土坑から、五四四匹分のネズミの骨が出土したのである。土坑の大きさは直径約八〇センチ、深さ約二メートルで、出土した骨の種構成はハタネズミが五匹、アカネズミが四九四匹であった（**図7**）。いったいどのような経緯でこの穴の中に埋まったのだろうか。

貝殻や魚骨が出土したゴミ穴からまとまって出土しているので、まずは食料となった可能性が思い浮かぶ。しかし、骨はほぼ全身の部位があまり壊されることなく残っていた。いくら縄文人が器用でも、小さなネズミをそこまできれいに食べるとは思えない。焼かれたような痕跡もなかった。

全身が残っているので、落下して自然死したとも考えられる。何カ月も埋めずに放置すれば、あるいは死骸がたまっていくこともあるかもしれない。しかし、この土坑は貝殻や魚骨などのゴミによって埋められていた。長い間、開けっぱなしにしていたとは思えない。

そこで、積極的に縄文人がまとめて廃棄したという可能性が浮上する。廃棄といっても食用にしたわけではないので、駆除したことになる。ゴミ穴という遺構の性格にも合致する。ただ、一般的な例とは言えないので、断定はできない。似たような例として、埼玉県川口市の卜伝《ぼくでん》遺跡で、深い土坑の底に縄文時代後期の浅鉢が置かれていて、その中からネズミの骨が見つかったことがある。報告者はネズミを捕える落とし穴と推定している（**図8**）。

縄文人にとってネズミはどのような存在だったのか。それを考える手がかりが、この二つの事例に隠されている。積極的に駆除していたのだとすれば、集落周辺に多数生息していたことになる。実際に貝塚出土の獣骨にネズミが齧った跡を見つける

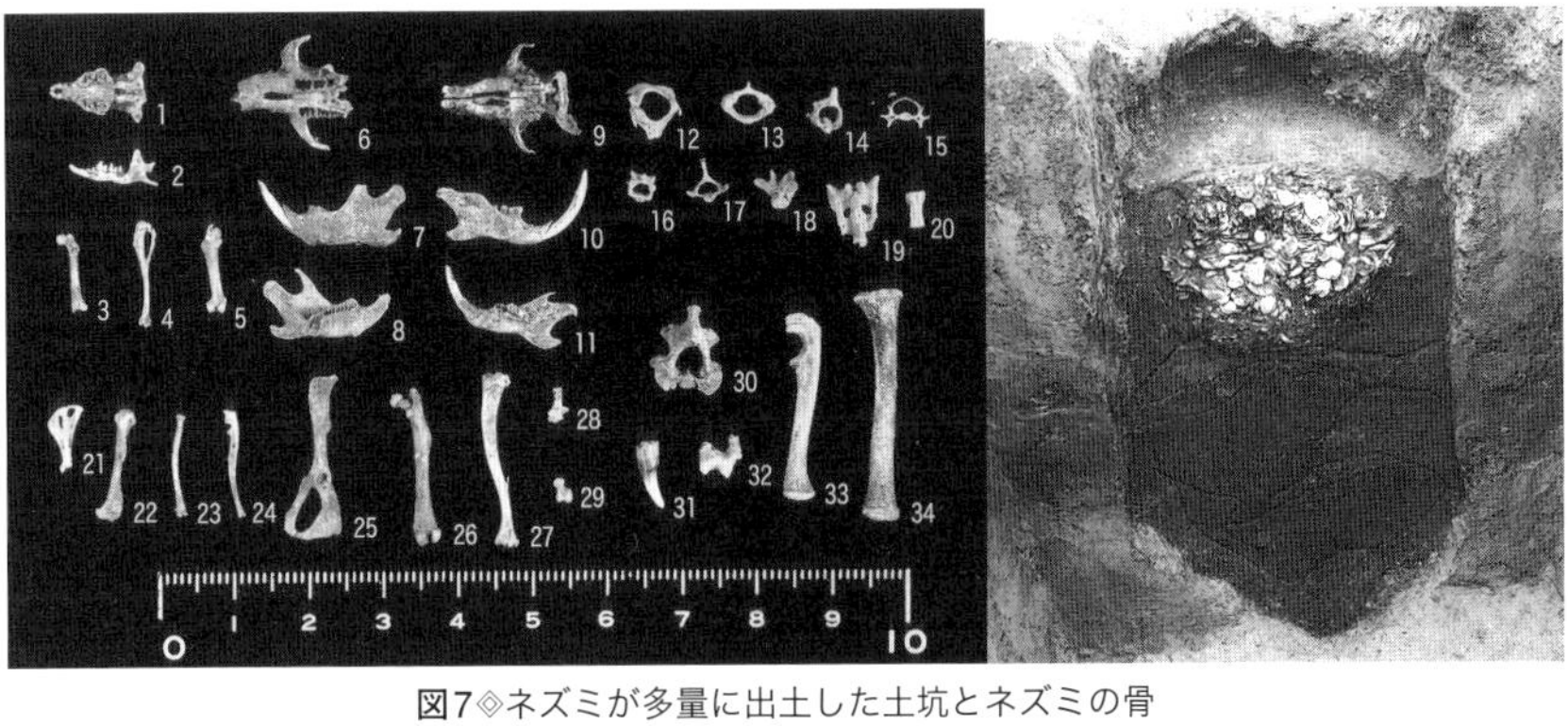

図7◎ネズミが多量に出土した土坑とネズミの骨

（縄文後期：前3000年紀、東京都北区七社神社裏遺跡）

のは珍しいことではない。

七社神社裏遺跡で主体だったアカネズミは森林性のネズミで、クリやドングリを好む。縄文人の主要な食料であったと考えられているドングリ、クルミ、クリなどの堅果類やその加工物、保存食などがネズミを惹きつけたのではないだろうか。縄文人とネズミは食料をめぐって競合関係にあり、その結果、駆除されたのかもしれない。

縄文時代は、本格的な農耕は始まっていないが、定住生活を送っていた。七社神社裏貝塚でも、出土したハマグリの殻の採集（死亡）季節は周年にわたっており、年間を通してそこに生活していたことが判明している。定住生活によって、堅果類やマメ類が食料となり、貯蔵されるようになると、ネズミとの競合も激しくなっていったのだろう。

以上のように、日本でもネズミが、農耕化、定住化など人類史上の重要なテーマの解明に寄与できるかもしれない。すでに古生物学の分野では、環境変動や日本列島と大陸とのつながりによる動物相の成立過程の解明にネズミが寄与している。考古学も、遺跡から出土する小さなネズミの骨に目を向けていかなければならない。

【植月　学】

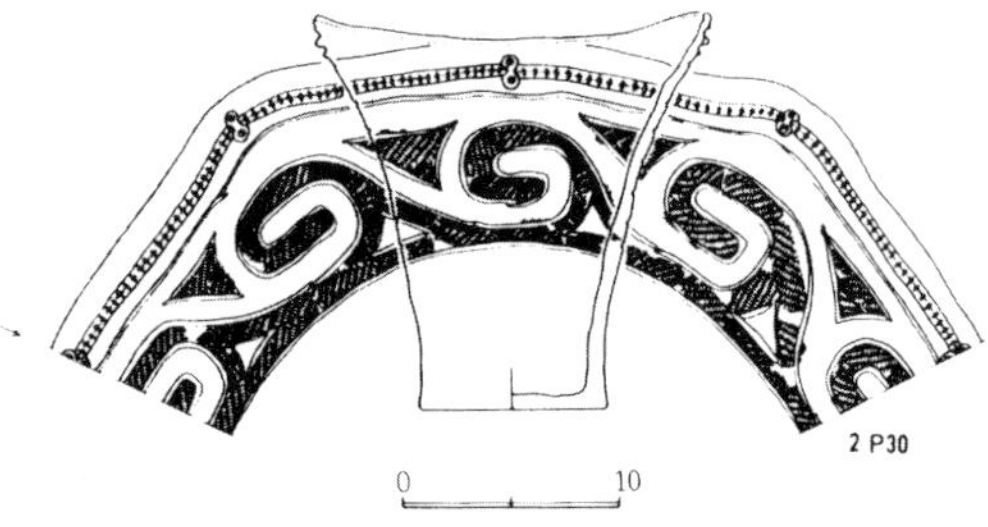

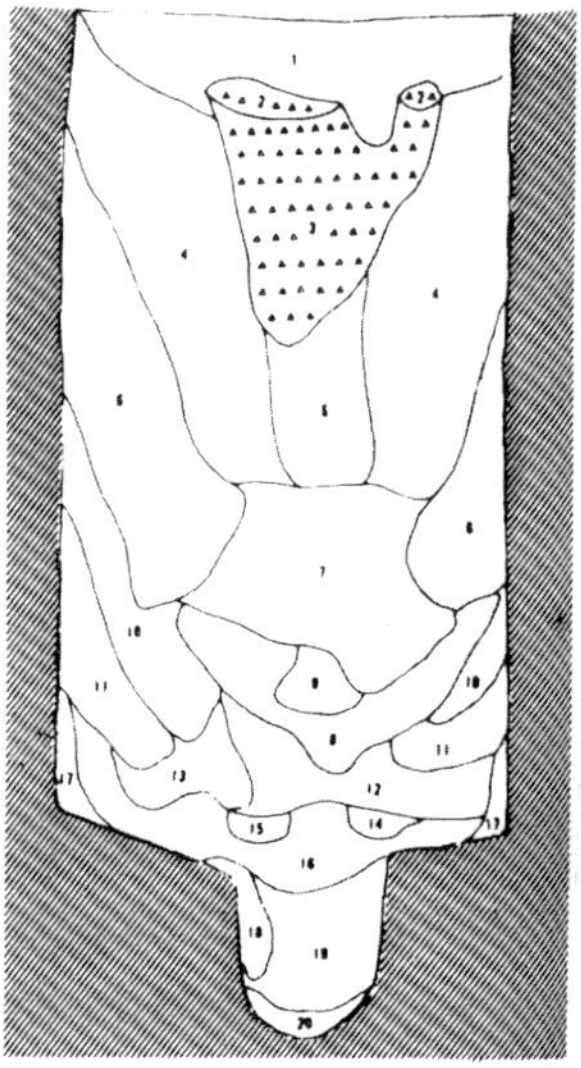

図8◈ネズミの骨が入っていた土器と出土した土坑

（縄文後期：前3000年紀、埼玉県川口市卜伝遺跡）

丑

ウシ

人間にとってウシの存在は欠かせない。牛肉はもちろんのこと、牛乳も栄養源として昔から飲まれている。そして、闘牛といった娯楽でもウシは大事な生き物なのである。

闘牛は闘牛士とウシとの過酷きわまる闘技として、今はスペインの国技となっている。当然、日本にも闘牛の風習があり、それは牛相撲とか牛突きとも呼ばれている。起源については確実な資料がないためはっきりわからないが、神事として始まったのであろうか。なお、島根県隠岐島で行われている闘牛は、承久の乱でこの島に流された後鳥羽上皇を慰めるために始められたといわれており、神事としての闘牛とともに娯楽としても現在まで受け継がれているようである。

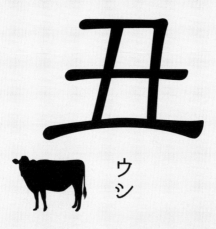

1◎ウシの家畜化

ウシを家畜として飼育するようになったのはかなり古いことで、考古遺物としての骨格データから見てトルコ・アナトリア高原の草原地帯にある、紀元前六〇〇〇年頃の遺跡で見いだせる。つまり、西アジアの肥沃な三日月地帯周辺の丘陵は、いち早くムギの栽培を実現させた地域で、そこで乾燥したイネ科草原を好むウシの群れと遭遇した人々がウシを狩りの対象としてだけでなく、飼育して繁殖させたのであろう。

日本列島ではどうであろうか。日本列島にも昔から野生のウシ（バイソン）が生息していたことはよく知られているが、弥生時代以前にウシを飼育していた確実な証拠は見つかっていない。

古墳時代になると、ウシを表現する埴輪（**口絵③**、**図1**）があるので、この頃から飼育するようになったと考えられる。今までのところ、最古の出土例は奈良県御所市の南郷《なんごう》遺跡群から出土した五世紀頃の牛臼歯で、河川跡の堆積土から一〇点以上見つかっている。

古代日本のウシは、中国大陸で黄牛と呼ばれている小型のウシと同グループのウシで、雌雄ともに小さな角をもち、雌は体高一〇〇センチ程度、雄は一三〇センチ程

図1◎ウシの埴輪

（古墳後期：6世紀前半、奈良県田原本町羽子田1号墳）

度であるから、現在牧場でよく飼われているホルスタインにくらべるとかなり小さかったようだ。
仏教思想が普及して肉食禁止令や殺生禁断令といった法律が出されると、しだいに肉は食べられなくなり、田畑を耕やしたり荷物を運搬するための役牛としての利用に限られるようになる。

2◎ウシと古代人

そうはいっても、奈良時代にウシを食べていたであろう証拠も見つかっている。平城宮内の警護を担当する衛府《えふ》があったと考えられている場所で見つかった五つの土坑は、籌木《ちゅうぎ》と呼ばれている木片、いわゆる古代のトイレットペーパーが多数出土したことからふん尿を処理した穴と考えられているが、その土壌（つまり人ぷん）に含まれていた寄生虫を調べたところ、アユやコイにいる寄生虫のほかに、ウシやブタにいる寄生虫の卵も検出されたのである。古代日本人の間でも動物の肉を食べていたことが出土資料からも推定できたわけである。

また乳製品も食べていたようだ。「蘇《そ》」という、ウシの乳を一〇分の一に煎じたものだ。今のチーズみたいなものといえる。当時は、疲労回復や健康増進に効く薬の一種として食されていた。「但馬国正税帳」には蘇を作るための乳牛一三頭が明記されており、また「延喜民部式」には諸国から「蘇」を貢納させるための具体的な数量が定められている。平城京左京三条二坊八坪の二条大路にともなう濠状遺構から出土した大量の木簡（一般に「二条大路木簡」と呼ばれている）の中に「参河国貢蘇」・「武蔵国進上蘇」・「上総国精蘇」・「美濃国蘇」と記された荷札木簡が見つかっており、これら諸国からの貢納により平城京に住む貴族層の健康が保たれていた実態が見えてくる。

図2「牛乳……」木簡
（奈良：8世紀、奈良市長屋王邸跡）

長屋王邸跡から見つかった大量の「長屋王家木簡」の中には、「牛乳持参人米七合五夕　受丙万呂九月十五日」と記されたものがある（**図2**）。牛乳を持ってきた丙万呂に米を支給したと読み取れる。蘇の材料なのか、それとも牛乳そのものを飲用したのか興味は尽きない。

平城京跡から出土した墨からウシのコラーゲンが検出された。長屋王邸跡の北側に接する二条大路側溝から限界まで使われたのであろう約一・五センチ程度の墨のかけらが出土した。この墨のタンパク質を分析したところ、結合したアミノ酸（ペプチド）の質量がウシのコラーゲンと一致したという。墨は接着性のある膠《にかわ》とススを混ぜて作られるが、この膠にウシのコラーゲンが使われたようだ。墨の原料となる動物が判明したのは初めてのことである。

石山寺造営の際に塗装で牛皮の膠が使われたことが正倉院文書の記載でわかっているが、墨も同様であろうか。墨は筆とともに古代文書行政では欠かすことのできないアイテムである。そこに牛が役立っていたわけだ。

このようにウシは人間が生活するうえで重要な役割を担ってきたがゆえに、人間の精神文化にも反映している。

『日本書紀』皇極天皇元年（六四二）七月戊寅（二五日）条に雨乞いのためにウシを生贄にする、いわゆる「殺牛祭祀」の記事が見えるので、七世紀の早い段階からウシを利用した祭祀が行われていたようである。

『続日本紀』延暦一〇年（七九一）九月甲戌（一六日）条には、ウシを殺して漢神《からかみ》を祀ることを禁じる記事が見える。平安京に遷都した桓武天皇はウシを殺して漢神を祀る大陸伝来の祭祀を禁じたが、それは天皇が丑年生まれだったからという。このようにウシを捧げる祭祀には、雨乞い祭祀と中国由来のたたりを祓う祭祀の二系統があったことは、すでに佐伯有清の研究で知られているところである。

では、実際にこのような祭祀が行われていた例を遺跡で見ることはできるであろうか。雨乞いか漢神祭祀かを見極めることはむずかしいが、あきらかに祭祀の捧げものとしてウシ（あるいは牛骨）が使われたと判断できる遺構がいくつか報告されている。

神奈川県横須賀市の鉞切《なたぎり》遺跡の七世紀初頭と考えられる土坑内から、土師器坏や甕とともに、あおむけにした形でウシの頭蓋骨が出土した（**図3**）。また千葉県市原市の稲荷台《いなりだい》遺跡からは、一〇世紀後半とやや時代は下る

図3◈牛頭蓋骨出土状況
（飛鳥：7世紀初頭、神奈川県横須賀市鉞切遺跡）

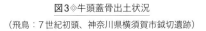

が、坏に礫を詰めて同じような坏で蓋をしたものを五組置いた上に、ウシの頭蓋骨を埋納した集積土坑が見つかっている（**図4**）。いずれも下あごがないので、生きたウシの首ではなく、骨の状態のものを祭祀に使ったのではないかと考えられている。

大阪市の長原《ながはら》遺跡では、七世紀前半の柱穴内から、ウシの四肢骨が組まれた状態で出土している。

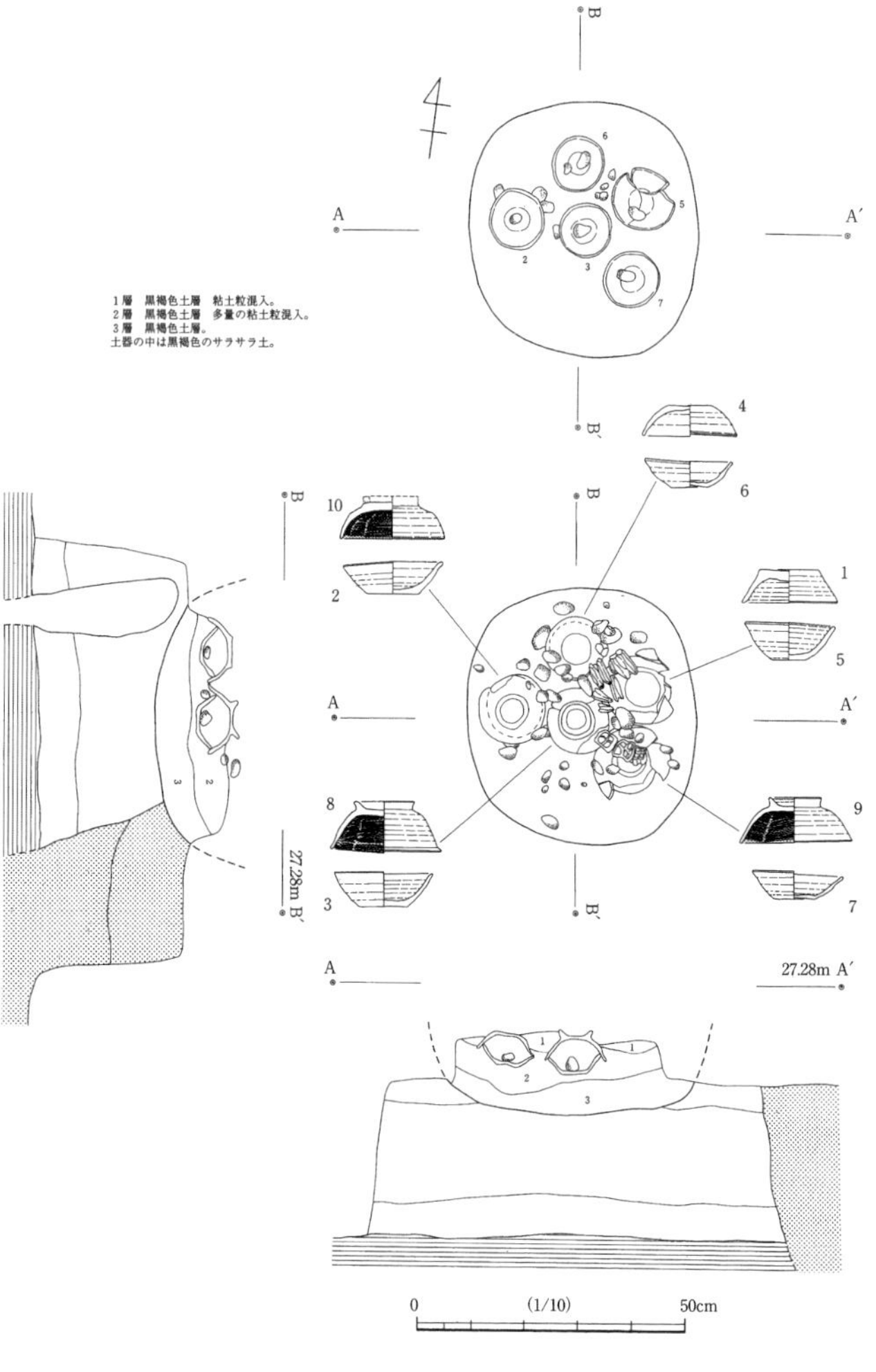

図4◎牛頭蓋骨出土状況
（平安：10世紀後半、千葉県市原市稲荷台遺跡）

肉が豊富につく部位のみを使用しており、筋肉の厚みを考えると、肉を取り除いた後に規則的に並べて埋納したものと推定されている。ウシを殺して解体し、神とともにこれを食べ、その後に骨を埋納したという過程が復元できる、珍しい事例として注目されている。

役牛の姿は絵巻物などで見た人も多いかもしれない。菅原道真の霊験を描いた絵巻物『松崎天神縁起』（鎌倉時代後期の作といわれている）には、荷車を牽く牛や農地を耕す牛の姿が描かれている（**図5**）。

しかし、古代人とウシとのつきあいの具体的な姿はなかなか見えてこない。強いていえば、

図5◈『松崎天神縁起』に見るウシの利用
（鎌倉後期：1311年頃、山口県防府市）

次のような告知札（路傍に立て、通行人に呼びかける木札で、長大なものが多い）にそれを見て取ることができるかもしれない。

①□□□〔往還ヵ〕□□告知／□□〔被盗ヵ〕斑牡牛一頭○誌左右本□〔爪ヵ〕在歳六許／応告賜
　山辺郡長屋井門村○右牛以十一月卅〈　〉聞給人益坐必々可告給〃

②／往来諸人等○黒毛牛捉事○右牛今月以三日捉印左右下耳辟二果足白／〈　〉到多□食損因是件
　牛捉宜知状主有者問所来故告令知〃○延暦六年十一月八日

①は、平城京東三坊大路の側溝から出土した告知札で、山辺郡長屋井門村で六歳くらいの牡牛一頭が盗まれてしまい、その捜索を願い出たものである。一緒に出土した遺物より平安時代初期と考えられているが、大事なウシを一刻も早く見つけたいという飼い主の気持ちが伝わってくる。②は平城京左京四条三坊九坪の東堀河跡から出土した告知札で、田畑を荒らしたのであろうか、黒毛のウシを捕まえ、その飼い主を探しているものである。これには延暦六年（七八七）と年号が明記されているが、この時期はすでに都は平城京から平安京に遷っていたはずである。平安遷都後の平城の地で、まだ多くの人々が暮らしており、そこにはウシも闊歩していた様子が想像できる。

3◎描かれた牛

神社の合格祈願などで奉納する絵馬というものをみなさんはご存じであろう。この絵馬は古代からある。馬は神の乗り物であるという考え方が根底にあり、そのような神の使いである馬に願いを込めると、神に願いを伝えてくれるという思想だ。では、牛はどうであろうか。馬にくらべて牛を描いた絵馬（絵牛?）は少ない。牛は労働力として身近な生活の場にいたからか。それでも、わずかではあるものの、次のような出土例がある。

静岡県浜松市に弥生時代から鎌倉時代にかけての複合遺跡として有名な伊場《いば》遺跡がある。木簡が一〇八点、墨書土器が四〇〇点以上出土しており、近隣に官衙《かんが》（古代の役所）があったのではないかと注目されている遺跡だが、この遺跡内を縦断する七世紀後半から一〇世紀代にかけての大溝から絵馬が六点出土している。絵馬の出土数としては難波宮《なにわのみや》跡北西部から出土した三三点についで二番目の多さである。難波宮跡の場合、すべてが馬の絵であったのに対して、伊場遺跡の出土絵馬のうち二点は牛を描いたものであることがわかっている。

図6◈伊場遺跡出土絵馬（牛の絵）
（平安：9世紀後半、静岡県浜松市伊場遺跡）

絵馬第一号とされるそれは、長辺一一・五センチ、短辺九・五センチ、厚さ〇・六センチで、曲物の側板を転用したものである（**図6**）。九世紀後半の遺物とされている。一筆書きで、細部までは見て取れないが、角、耳や尾の形状が明らかに馬と異なり、胴体の太さは牛そのものである。なお、板上部の中央の穴にはつり下げるのに用いた紐の痕跡がわずかに残っているという。もうひとつは絵馬第四号と呼ばれるもので、長辺は一三・六センチ、短辺は五・九センチと一号よりも横長のものだが、厚さは同じ。八世紀後半から九世紀前半にかけてのものと考えられているが、この絵馬には全身に堂々とした毛並みが描かれており、第一号とは異なり写実的である。たれさがった尾と角らしい墨痕から牛と判断されている。これも板上部中央に穴が残っている。いずれも鞍などの装飾は描かれていない。

牛を板に描いた古代の例はほかに見当たらないので、今後の類例を待たなければならないが、牛に込められた願いとは農耕にかかわるものなのであろうか。

奈良県橿原市の一町西遺跡《かずちょうにし》からは、一一世紀後半の遺物になるが、動物を描いた四枚の板絵（**図7**）が、人形木製品や斎串《いぐし》などの祭祀遺物とともに出土している。四枚ともほぼ同じ規格と考えられ、もっとも残存度の高いもので縦一〇・七センチ、横三三・七センチ、厚さ〇・一五〜〇・二五センチ。いずれにも五体の動物（残存度の悪いものには二体の動物のみ見える）が描かれている。それは馬と牛二体（羊とも考えられている）、犬、鶏で、それぞれの動物の特徴や筋肉の隆起がリアルに描かれている。とくに牛は非常に筋肉質であり、首にかけて車などを引かせるためのくびきや綱をつけていて、当時の実態を目の当たりにできる好資料といえる。四枚とも同一人物が描いたものと考えられる。

報告書などによれば、平安時代中期に平親信《たいらのちかのぶ》が記した『親信卿記』という日記に、人が罪や穢れを清めるため、人形代と馬、牛、犬、鶏の形代を用いたという記述があり、それとこの板絵の動物が一致し、人形代も一緒に出土していることから、罪や穢れを祓うために用いられたものと考えられる。あるいは、一町西遺跡の近くで行われている、作物などの恵みに感謝する野神祭《のがみまつり》に奉納される馬と牛を描いた絵馬の祖型ではないかとも指摘している。

たしかに板絵の五体の動物と『親信卿記』に記された形体の動物は共通性を感じる。そうではあるが、筆者は鶏の描かれ方に注目している。つまり鶏の位置が一枚だけ異なっており、このことは鶏を主人公とした物語を描いたものではないか。言い換えれば、今でいう紙芝居を、紙ではなく板で行ったという推測である。文字資料がないため推測の域を超えることができないが、今後の類例報告を期待したい。

図7◎板絵
（平安：11世紀後半、奈良県橿原市一町西遺跡）

4◎牛車の世界

最後に牛車について述べてみたい。牛車といえば、京都の葵祭で、藤の花などで飾り立てられ稚児たちに牽かれている二輪の車を思いうかべる（**図8**）。また、『源氏物語』の第九帖には、葵の上と六条御息所との間で葵祭の御禊見物の場所をめぐって車どうしで押し問答をしたという、いわゆる「車争い」のエピソードがある。なかでも屋根のある乗用車を「ぎっしゃ」といい、屋根のない荷物運搬用の車を「うしぐるま」と称している。

このように「牛車」のはじまりは平安時代頃と思われがちであるが、実は奈良時代以前より「牛車」は用いられていたようである（**図9**）。たとえば、藤原京の井戸跡から軛《くびき》やむながい棒二本、そし

図8◎京都御所を出発する葵祭の行列

て轅《ながえ》をつなぐ四角柱の連結具が出土している。平城宮跡からもやはり軛の出土例が報告されている。ただし、いずれも物資運搬用の車両であったらしく、いわゆる乗用の「牛車」が出現するのは平安時代を待たなければならない。

乗用の牛車は九世紀以降、つまり平安時代以来、道路の整備にともなって、とくに京域を中心として貴族層の間で盛んに利用されるようになった。『延喜式』などを見ると、寸法や部材の名称などが細かく定まっており、基本的には軸《よこがみ》の両端に車輪をつけた二輪車で、乗用の基台（輫《とこ》）の下方両側から前にウシを入れる轅が長く延び、轅の先端にウシの胸をあてる軛を備えている。なお、九世紀段階で乗車が許されていたのはすべて女性（皇族や貴族の子女、それに仕えた女房）であったらしく、一〇世紀ではとくに許された者以外（上皇をはじめ大臣以下の公卿、四位・五位の殿上人。ただし、天皇は牛車には乗らない）の男性は乗馬が基本であったという。一一世紀になると、位階に応じた牛車の形態が規定され、身分標識として機能していたと考えられている。

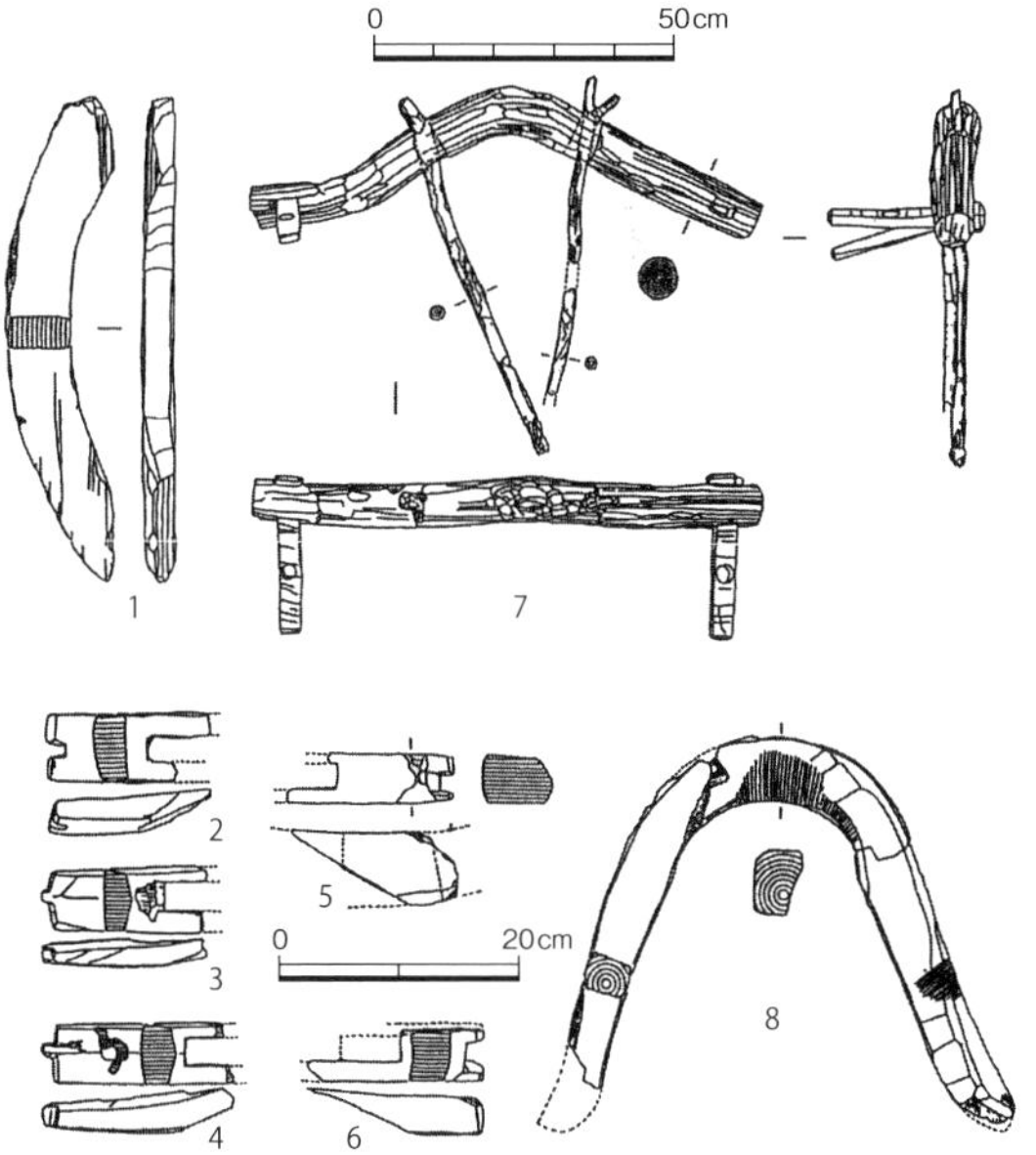

1・5・8：平城宮　2・3・4・6：平城京　7：藤原宮

図9◈出土した車輪・軛

（飛鳥〜奈良：7-8世紀）

鎌倉時代になると、武士の間でも使われるようになるが、牛車をおもに利用していた貴族が没落して財政的にもウシの飼育が困難となり、また荷車や農耕でのウシ利用の拡大もあって一四世紀頃から廃れてしまう。しかし、近世でも威儀をととのえる装置として利用されたらしく、たとえば豊臣秀吉や徳川家康が朝廷に参内する際に牛車に乗った記録がある。

ちなみに、葵祭の際に使われる牛車のことを「御所車《ごしょぐるま》」とも称するが、これは室町時代以降、車や箱が高大なものへと形式化し、それまで榻《しじ》と呼ばれる踏み台だけでよかったが、それだけでは乗車が難しくなり、階段を設けた桟《はし》を使用するようになり、それが新しい様式として御所車と呼ばれるようになったことから始まっている。

このように平安時代以降、貴族層を中心に使われていた牛車であるが、なぜウシなのか。ウマでない理由は何か。やはり、ウマにはそれ自体にまたがって乗るというイメージが強かったのではなかろうか。ウマはかなりのスピードで疾走することもあり、ウマに車を引かせた場合、乗り心地は相当悪かったに違いない。そういう意味でゆっくりしたスピードこそ、趣向を凝らした車をけん引させるには都合がよかったのであろう。

【北條朝彦】

寅《トラ》

日本にも、四〇万年前頃にはトラ（アムールトラ）が生息していた。その化石が青森県下北半島、栃木県葛生、群馬県桐生、静岡県浜松市浜北・引佐、山口県伊佐、大分県津久見など十数カ所で見つかっている。しかし、更新世末期には、日本列島ではトラは気候変動による寒冷化で他の動物とともに絶滅した。

日本列島に住む人々が再度トラを目にするのは、だいぶ後のことになる。古代には、百済・新羅・渤海などから虎皮が輸入され、九世紀頃以降、幾度か生きたトラが日本に将来したことがあったが、それは宮中や時の権力者のためのものであった。中世以降の障壁画などで、爪などの表現が本物のトラとかけ離れ、ネコやヒョウと区別がつかなくなったのも、トラがほとんど未知の存在であったことを示している。しかしその一方で、トラに関する神話や祭りなどが生まれ、絵画として盛んに描かれたのは驚くべきことである。

1◎殷周青銅器の虎意匠

アジアにおいて、最初に虎の意匠が図像や造形として盛んに表現されたのは、古代の中国、殷代（紀元前一五〇〇年頃）であろう。それは、彝器《いき》と呼ばれる青銅容器に多く認められる。彝器とは、王権の祭祀などの決まりを執行する制度である礼制に使用する容器で、古代中国では、殷代以降ながく用いられた。

古代中国の青銅容器にはさまざまな種類があり、いずれにも難解な漢字が充てられている。こうした多種の青銅容器には多くの動物が表現されたが、虎はその中でも重要な動物であったようだ。林巳奈夫さんによると、古代の殷周時代に帝は虎の形で表され、その後も虎は宇宙の星の運行の中心、陰陽和合の要の役を演じており、虎が帝と同一に考えられていたという。

古代中国で虎が帝の姿にまで重ね合わされた背景には、虎が自然界で一番の強者であるという思考が働いているのは明らかである。しかし、具体的に青銅容器に見られる虎の中には、実に奇妙な光景として表現されているものが多い。

口絵④は、「卣《ゆう》」と呼ばれる酒をいれる殷後期の青銅容器で、虎と人間の形をした神が組み合わさったとされる。座った虎が大きく口を開き、胸に抱え込んだ子どものような小さな人間像に頭からかぶりつきそうな状態を表現している。この人間形は髪型が神様専用の被髪をして、平静を装っており、虎に食われようとしている人間ではなく、徳が高いので天に昇り虎＝帝と友達付き合いをすることを許された祖先の霊とする以外によい考えはないと林さんはいう。

こうした虎が人間形の神（神像）に噛みつく意匠は、殷代以降、非常にバラエティに富む。これらの意匠では、人間形は、虎に噛みつかれているにもかかわらず、同じく平静であり、普通ではない。やはり、これらの人間形も神像であろうが、こうした神が何を示しているのかはわからないのが現状だという。

西周時代（紀元前一〇〇〇年頃）に入ると、虎の意匠をもつものは、車馬具に多く認められるようになる。そして車馬具でも、虎と人間形が組み合うものが見られる。**図1**は、西周時代頃の車馬に取り付けられた青銅製の竿の先端部分にはめこまれる飾りである。手に鳥を抱える人間形の神を、虎の神が背後から頭をかじりついている。林さんはこれを「獣面人面合体神」と呼ぶ。

こうした人間形の神は、被髪の神像や獣面の人物像、あるいは短髪で前髪を短く切り揃え夷狄《いてき》のなりをした人物像がよく表現されている。おそらくは、異様な風貌の夷狄の顔面表現が禍を避ける辟邪《へきじゃ》の意味をなし、さらに自然界で最も強者である虎と同一視することで、車馬に取り憑く悪霊を祓い、あるいは戦闘で敵を撃退する祈願の象徴的表現でもあろう。このような考えを巡らせば、林さんが保留した虎が人間形の神（神像）に噛みつく意匠の意味も、二つの辟邪の意匠を重ねたものと考えることができる。

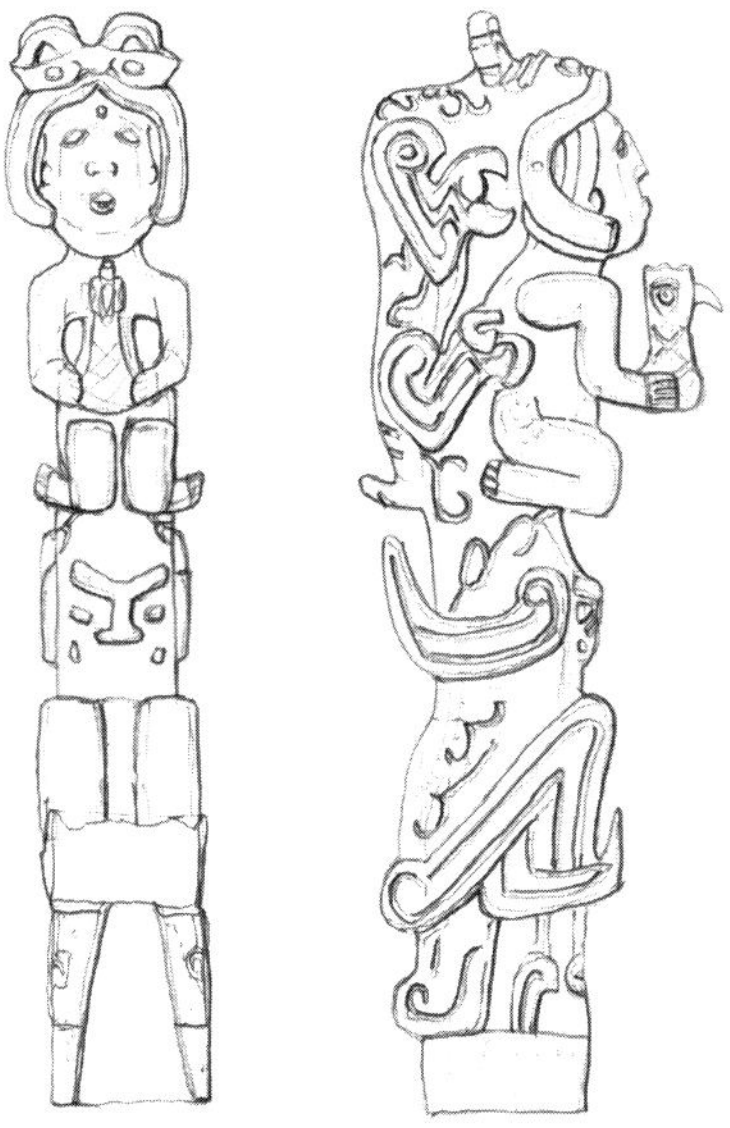

図1◈獣面人面合体神
（西周：前1000年頃、出土地不明）

車馬具で次に注目するのは、馬の頭部に

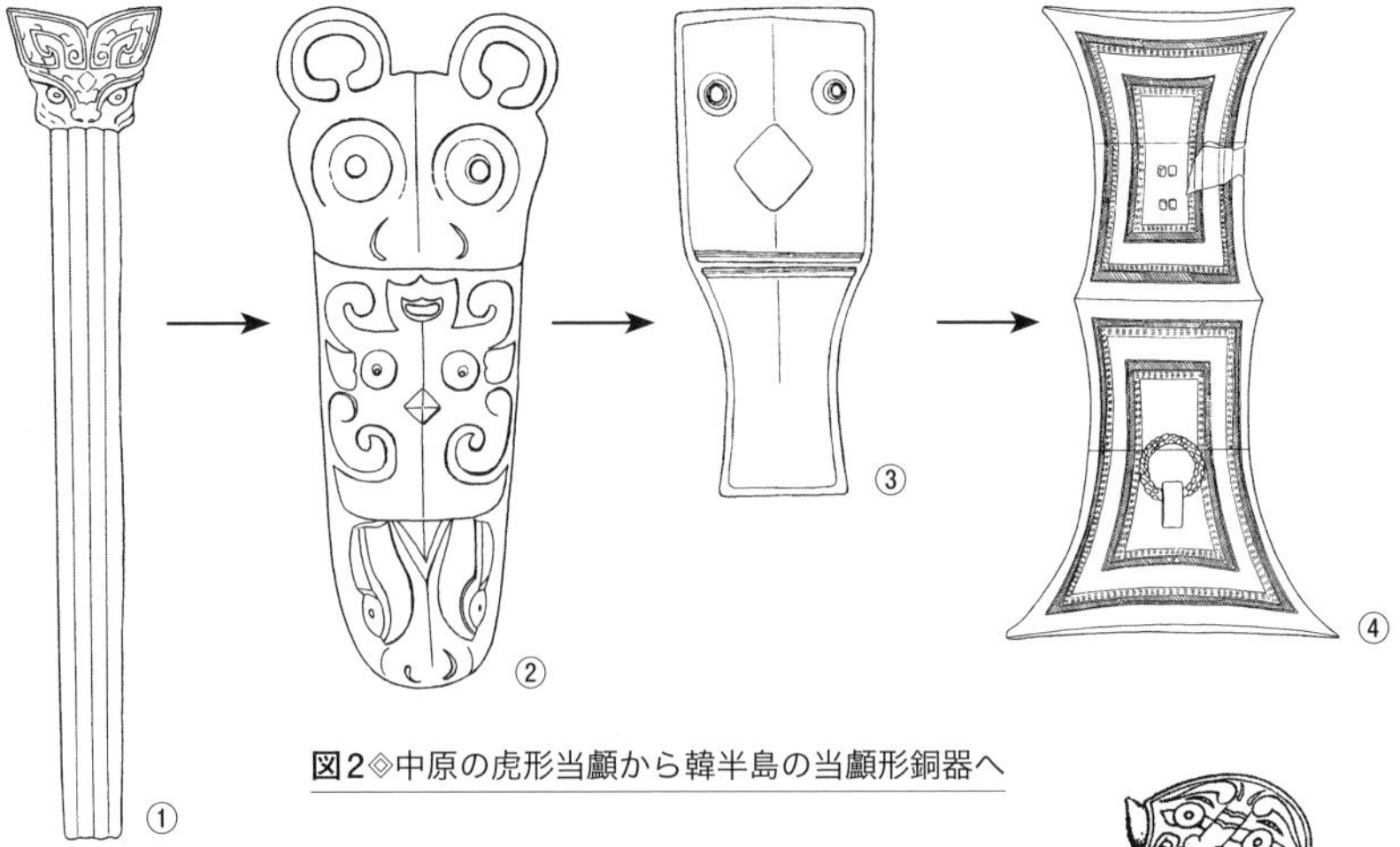

図2◎中原の虎形当顱から韓半島の当顱形銅器へ

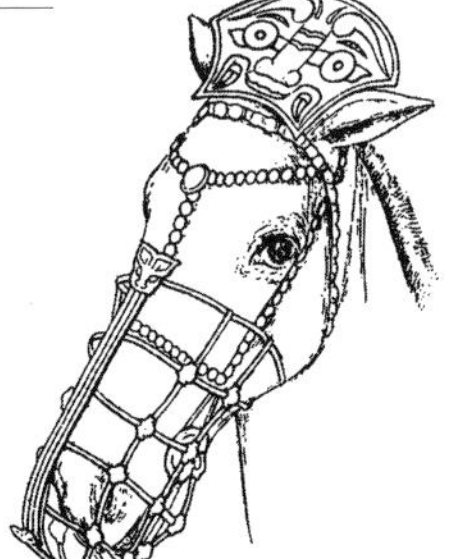

図3◎当顱の着装状態

着装された馬面である。中国ではこれを当顱《とうろ》と呼ぶ。春成秀爾さんはこの当顱の意匠について虎の面を表していると考えた。**図2①**は陝西省の張家坡《ちょうかは》遺跡から出土した当顱で、虎の頭部と長い舌を垂らした状態を表現している。この馬面の着装状態は**図3**のように復元されている。

最近、春成さんは、この虎形の当顱の特徴が現在の北京周辺にあった燕国に伝播した後、さらに東方の遼寧青銅器文化圏に伝播して大型化し（**図2②**）、身体に取り付ける当顱形銅器へと変化することを明らかにした（**図2③**）。さらに、これが韓半島の初期青銅器時代に見られる剣把形青銅器と呼ばれる異形青銅器の起源であると結論づけ、あらたに当顱形銅器に含めた（**図2④**）。

先の西周時代の虎の意匠例のように、西周社会では虎は帝と同一視されるほど重要な位置づけがなされていた。春成さんは、当顱と当顱形銅器について、虎の表現は王の象徴であり、王侯貴族が乗る馬車や馬の標徴となり、それが伝わった韓半島の青銅器文化では当盧形銅器は王であることを表す標徴として王の身を装うことになったとしている。

遼寧青銅器文化の当盧は、まだ目鼻の表現を残しているので、遼寧地域の人々はかろうじて当盧が虎の面を表していることを理解していた可能性はある。こうした変貌ぶりは、遼寧地域が中原《ちゅうげん》の礼制的世界の周縁に位置するから生じたのであり、当盧かどうかもわからなくなってしまった韓半島は、中原の礼制的世界とは縁がない地域であることを示している。さらに東方の日本列島には、当盧形銅器自体伝播することはなかった。

2◎古代中国北方の虎意匠

中原の周縁に位置する中国北方の地域では、中原とは異なる系譜をもつ虎の意匠を、車馬や騎馬、そして武器武具などさまざまな器物に表現した。それらは、殷代併行期にまで遡る銅剣の柄の動物装飾の年代的な古さからみて、中央ユーラシアにまで影響を及ぼした可能性が考えられている。

中国の北方地域とは、西域の新疆から東方のオルドス地域、甘寧地域、燕山山脈地域、夏家店上層文化地域、大小凌河流域地域といった地域のことを指す（**図4**）。また、中原の覇者の一つである燕国も、北方地域に含めて考えることもできる。こうした中国北方諸地域において、主に青銅器に表現された動物意匠の様相は次のように整理できる。

①オルドス地域は、虎類、鹿類、鳥類、羊類主体の構成となる。

②甘寧地域は、虎類、鹿類、鳥類、羊類主体の構成となる。

③燕山長城以北地域は、鳥類、馬類、鹿類、虎が多く、野猪、蛇、蛙、羊類が少数ある。

④夏家店上層文化地域は、虎、豹、馬類、鳥類、鹿類、羊類が主体で、その他少数の犬、猪、牛類、蛇、蛙がある。

⑤凌河文化地域は、馬、鹿、虎、鳥、蛇、羊、蛙が存在し、海鷂魚（エイ）が新たに加わる。

⑥燕国は、虎、鹿、馬、鳥、蛇という構成となる。

以上のことから、中国北方地域における動物意匠のうち最も多く表現されているのは虎であることがわかる。なお、中国北方地域で虎に次いで多いのは鹿・鳥・羊で、おそらく弥生文化における鹿と鳥の崇拝は、この中国北方地域のものが源流であろう。なお、韓半島の青銅器時代においては、鹿と鳥、そして一例のみであるが豹ないし虎の図像表現が見られる。そのほかに、韓半島における虎の意

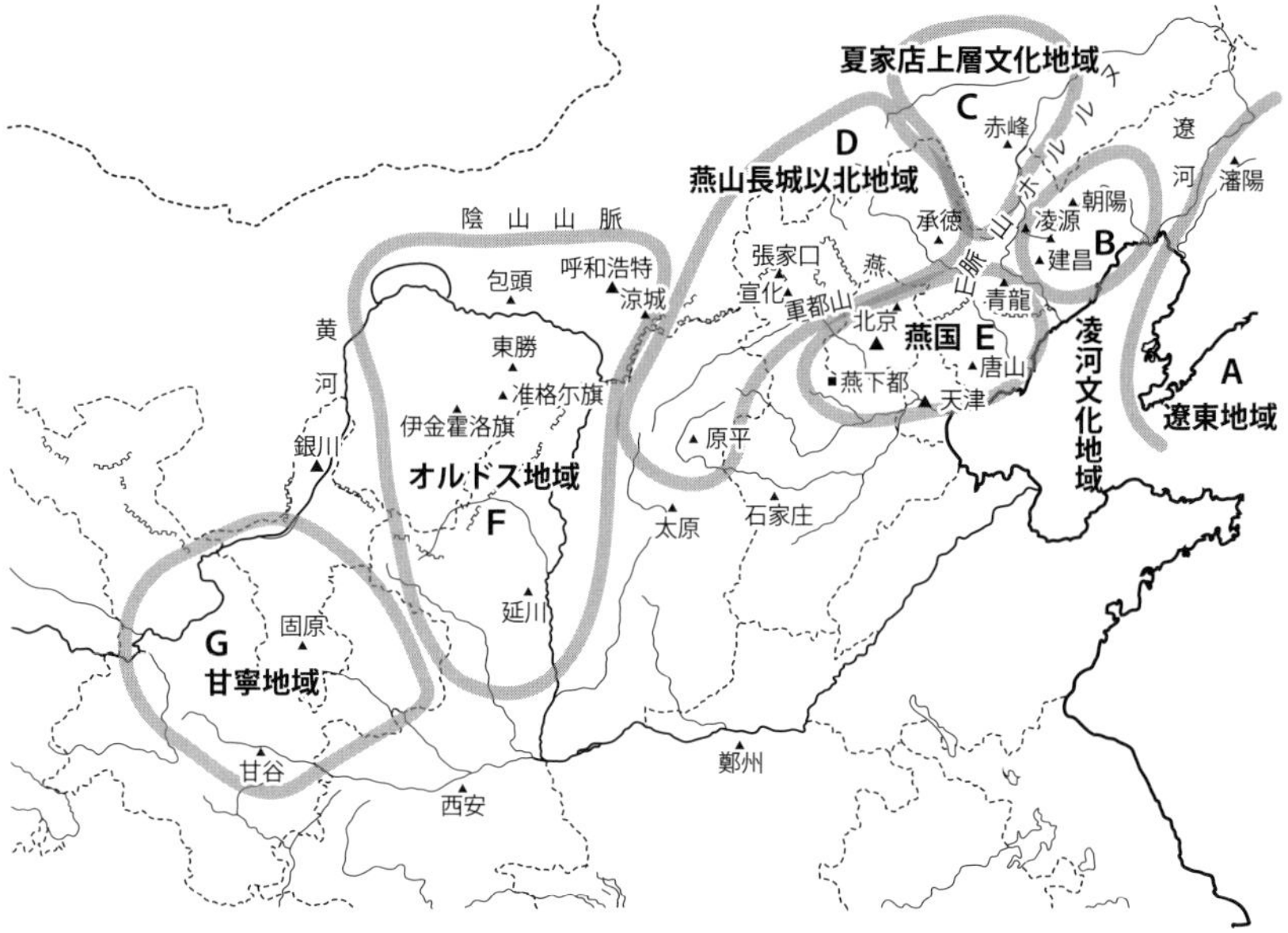

図4◎中国北方地域の地域区分

匠は、原三国時代の虎形帯鉤《たいこう》が数例あるのみで、その先の日本列島の弥生文化に併行する時期に大陸の虎意匠は伝播しなかった。

3◎臥せた虎と闘争紋

中国北方地域に見られる虎の意匠は、トラの身体動作の特徴に注目することによって、その意味を推測することができる。**図5**は、内蒙古自治区南部で出土した可能性のある二連になった青銅製の剣鞘である。銅剣が一本納まったまま錆びついている。虎の意匠は、柄の部分に表現されている。透かし彫りで表現した二頭の臥せた虎が向かい合う。虎の身体は、細線で縞模様を表現し、脚部の付け根に同心円、他は直線で表現している。

こうした臥せた状態の虎の表現は、中国北方地域の虎意匠の最も典型的なもので、獲物を遠くから威嚇し、あるいは獲物に狙いを定めて襲いかかる寸前の状態を表現している。おそらくは、そうした

図5◎銅剣の虎
（西周～春秋：前9-前7世紀、内蒙古自治区南部）

勇猛果敢で敵を撃退する虎の状態を辟邪の象徴としているのであろう。

この種の青銅短剣は、有柄銅剣とも呼ばれ、オルドス青銅器文化の典型的な短剣の一つで、内蒙古自治区の南、ヌルルホ山脈よりも北側の地域に見られる。遠くは、ロシアから黒海地域にまで分布している剣でもある。

図5で興味深いのは、短剣の虎の身体の縞模様と剣鞘本体の縞模様がまったく同じように表現されている点である。当地域の剣鞘は、この縞模様のほかに三角形状の透かしを交互にずらしながら配置するのが典型的であり、その後、この三角形状透かし文様は、「三角文系連続Z字文」という文様となって、剣鞘だけでなく多鈕鏡《たちゅうきょう》などの装飾となる（「巳」の八二頁参照）。多鈕鏡では、三角文系連続Z字文のうち、三角形内部に細線を充填する。同じ剣鞘に細線が見られるということは、それはトラの身体の縞模様に起源する可能性を暗示する。多鈕鏡の三角文系連続Z字文は、やがて韓半島で鋸歯文《きょしもん》に変化し、その鋸歯文は日本列島に受容される。鋸歯文の中の細線は最後まで残るので、トラの身体の縞模様が鋸歯文に記号化しつつ、本来の虎の存在は失われても、その意味のみが伝播した可能性が残ることになる。

戦国時代後期以降になると、中国北方地域では、ベルトの留め具部分の飾りである帯鉤や、帯部分の飾りである帯板飾（ベルトのバックルの飾り）に、猛獣のデザインが採用された。ベルトは、北方遊牧民族が使用していた乗馬に適した「胡服」用であり、中原には戦国時代に導入されたものである。これらは豹などのネコ科の猛獣とされるが、虎も表現された。**図6**は、後ろ側を振り返るように表現された帯鉤であり、全体としてSの字形を呈する金具となっている。これに類似する帯鉤や帯板飾は中国北方地域に多数ある。

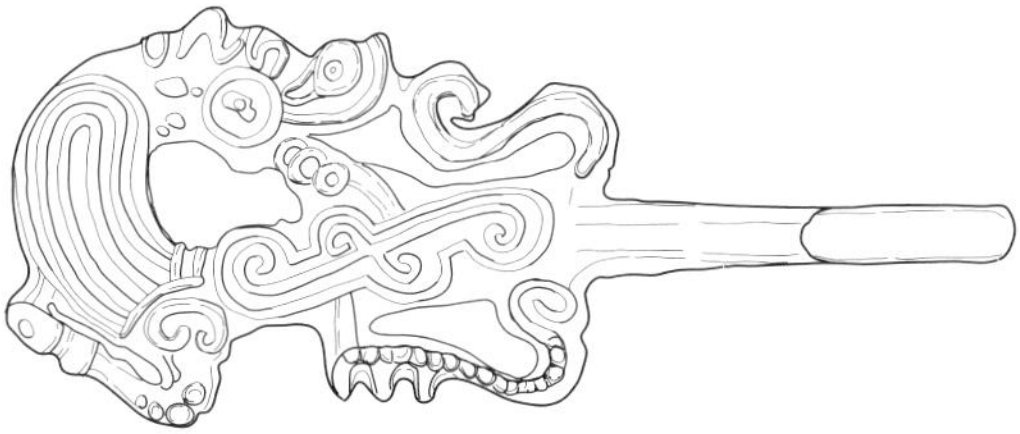

図6◈虎の帯鉤
（戦国、伝オルドス）

図7◈動物闘争紋の帯板飾
（戦国頃、内蒙古自治区西溝畔遺跡）

中国北方地域の虎が登場する帯板飾で特徴的なのは、虎や豹のような猛獣が羊や牛などに嚙みついている光景を表現した「動物闘争紋」である。動物闘争紋の帯板飾は、中央ユーラシアから東南アジアにかけて広く分布するもので、猛獣はライオン、豹、虎など地域によって多様である。中国北方地域では、戦国時代後期頃から見られ、統一秦代から前漢頃に増加する。とくに虎が牛や鹿などに嚙みつくデザインは、甘寧地域からオルドス地域一帯に見られる動物闘争紋帯飾の特徴である。内蒙古自治区西溝畔遺跡で出土した戦国時代頃の金製の動物闘争紋の帯板飾では、虎と猪が互いに嚙みついている光景を表現している（**図7**）。

楊澤蒙さんは、このような帯板飾を匈奴のものとし、動物闘争紋の帯板飾でよく見られる虎が牛に嚙みついている表現について匈奴の独特な考えで説明している。すなわち、虎は天上のスバル星団を意味し、牛は黄道十二宮の金牛の宮（牡牛座）を意味する。スバル星団は、金牛の宮（牡牛座）の中に位置するので、虎の群が牛を嚙むのは君主である匈奴単于《ぜんう》が草原に雄をとなえることを意味するという。しかし、近藤喬一さんによれば、こうした帯板飾は林胡に関係するもので、ブンカーさんはアレクサンダー大王の東征に関連し、中央アジアから流入したものという。こうした解釈が分かれるのは、動物闘争紋の帯飾板がかなり広域な範囲から出土することが原因である。

なお、**図8**は、先に触れた西周時代の長い舌を出した虎面の当盧と非常によく似たデザインの帯鉤（ベルトのバックル）である。前三世紀頃の北朝鮮の龍淵洞遺跡で出土した燕系の虎形帯鉤である。この帯鉤は、戦国時代の燕国の領域支配の及んだ地域で出土するのが特徴である。林巳奈夫さんは、春秋戦国時代の燕国において、殷周時代の古い青銅彝器のデザインが復古調のように新しい時期の青銅器に表現されていることを指摘した。この虎のデザインは、まさにその復活したものであろう。

戦国時代の燕国の影響は、同時代の弥生文化にも及んでおり、青銅器や鉄器、土器などが日本列島にもたらされている。燕国の土器や青銅器には、虎の意匠が表現されており（**図9**）、燕国の文物や人間を介して、中原の虎象徴が弥生人に伝えられた可能性がある。

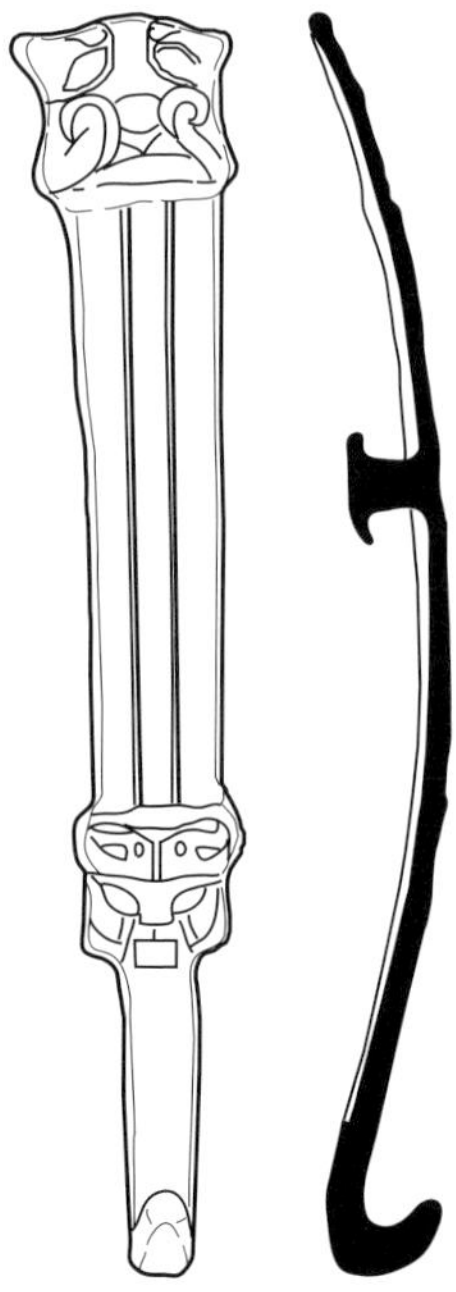

図8◎虎形帯鉤
（前3世紀、龍淵洞遺跡）

図9◎燕国の土器に描かれた虎
（前4世紀前半）

4◎虎意匠の渡来とその後

弥生時代中期後半（前一世紀～後一世紀）頃から、四神像を描く中国製の銅鏡が日本列島にもたらされ、この頃から虎の意匠である白虎像が伝わった。しかし、虎は龍と扱いが異なっていたらしい。弥生時代には、同じ四神のうち、青龍については弥生人の手で土器の絵画として表現され、龍（青龍）の頭の土製品なども出土しているにもかかわらず、白虎はまったく表現されることはなかったのである（「辰」を参照）。このことからも、弥生人にとって青龍が特別な存在であったことがわかる。しかし、なぜこのようなことになったのであろうか。

四神は、天の四方の方角を司る霊獣であり、青龍は東方、白虎は西方を司った。弥生時代に龍が好まれたのは、四神の青龍が東方、つまり倭の地を司る霊獣であったからではないだろうか。中原より北西に位置する匈奴で虎が最も好まれたことを合わせて考えると非常に興味深い。この考えが正しいとすれば、青龍に対する方位意識をすでに弥生人が理解しており、弥生時代に四神思想がある程度定着していた可能性も考えられる。志賀島出土の金印の蛇鈕が龍の可能性をもつことはこうしたことと関係するかもしれない（「巳」八八頁参照）。

古墳時代になっても、舶載（大陸産）鏡には白虎像が描かれており、古墳時代の人々のあいだに四神思想が知られていたはずである。奈良県天理市黒塚《くろづか》古墳から出土した三角縁神人龍虎画像鏡の白虎像は（**図10**）その典型である。しかし、古墳時代前期に銅鏡の国産を開始すると、その後、**図11**のように白虎の図像は形骸化し、白虎かどうかわからない図像に変化してしまう。

この現象から、古墳時代の少なくとも前半には四神像を理解できない状況、すなわち四神思想の定着には至っていないと理解されることになった。しかし、弥生時代に龍に偏った四神思想を変容させて受容した倭独自の伝統がその後も続いていたことを示しているようでもあり、倭独自の思想的な変遷過程を示しているともいえる。筆者は、四神思想は、弥生時代中期から古墳時代前半期が部分的受容段階で、古墳時代後半期に体系的な受容段階へ変遷し、飛鳥時代を迎えると考えている。

七世紀になると、高松塚古墳やキトラ古墳の壁画などのように白虎の図像（**図12**）が描かれており、四神思想の定着化がこの頃であることを示している。これは、大陸的都市形成の過程で四方の霊獣すべてを体系的に受容する必要性が生じ、その新しい方位と空間認識の観念がさまざまな分野に派生したことによるのであろう。そのとき初めて白虎ははっきりと表現されるようになった。なお、法隆寺の玉虫厨子にも虎が「捨身飼虎図」として表現されているが、これは仏教思想の中の虎である。

図10◈三角縁神人龍虎画像鏡と白虎像

（古墳前期：3世紀末、奈良県天理市黒塚古墳）

図11◈変形方格規矩四神鏡の白虎像

（古墳：4-5世紀、出土地不明）

5◈トラと日本人

日本列島における虎についての最初の記述は『日本書紀』に見られる。欽明天皇六年（五四五）に、膳臣巴提便《かしはでのおみはすひ》が百済に赴き、退治した虎皮を持ち帰ったとある。トラの最初の渡来は、宇多天皇の寛平二年（八九〇）、生きたトラが輸入されたときである。この折に、巨勢金岡にそのトラを写生させ、以降、虎の画が一時流行した。

古代においては、虎皮が輸入されて珍重された。沖縄県今帰仁村の今帰仁《なきじん》グスクからは、加工痕をもつトラの下顎が出土しており、虎皮の一部と見られている（**図13**）。おそらく明国からもたらされたものであろう。

図12◈キトラ古墳の白虎像（部分）
（飛鳥：7世紀末〜8世紀初め、奈良県明日香村キトラ古墳）

虎皮は唐皮とも呼ばれ、単なる敷物や身につけるファションではなかった。虎に宿る霊力は無病息災と護身となると信じられていたこともあり、宮中は寺院などの霊場で重宝された。

その後、虎皮は古代以来の象徴的意味を受け継ぎ、鎧や刀装具といった武具の材料として用いられるようになり武家の象徴的なアイテムとなり、織豊期や江戸初期に生きたトラが将来もされた。しかし、江戸時代には、トラは庶民にとって未知の猛獣であり、虎皮やトラの爪・骨を用いた根付け

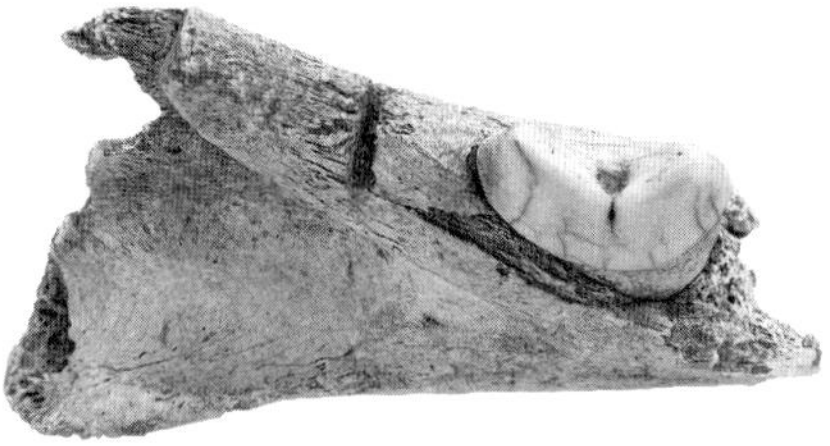

図13◎今帰仁グスク出土の虎下顎骨
（13世紀、沖縄県今帰仁村今帰仁グスク）

が武家を中心に用いられる程度であった。しかし、無病息災や護身の象徴である虎の霊力を見いだす信仰は、庶民のあいだにも広がり、玩具の虎張子が生まれた。これは、まさに本物の虎皮を手に入れることができない、庶民の知恵が生み出したものである。

幕末になると、江戸の見世物で生きたトラが展示され、ようやく多数の来場者が本物のトラに接する機会が訪れる。そして、明治に上野動物園でトラが初めて飼育されるようになってから、いつでも人々はトラを見ることができるようになった。

時は流れて一九八〇年代、日本のプロレス界にタイガーマスクが登場した。漫画の世界のような変幻自在の技に人々は魅了された（**図14**）。タイガーマスクの勇者ぶりと衝撃的な技の連続は、多くのファンの記憶に強烈に残っている。タイガーマスクが人々を魅了した背景には、古代以来、トラが動物界で最強の強者で、強い権力の象徴であったからであり、これと彼の無敵な戦いぶりが見事に重なったからにほかならない。辟邪である虎の象徴を身につけることで、無病息災と護身をはかる行為は、古代以来、現在も再生産されつづけているのである。

【小林青樹】

図14◎タイガーマスク

卯

ウサギ

小学校でウサギを飼っていた思い出がある方も多いのではないだろうか。私たちに馴染み深いこのカイウサギ（飼兎）はアナウサギという種で、早くからヨーロッパで家畜化され、ローマ帝国時代の文献に登場することが知られている。

カイウサギが日本列島に持ち込まれたのはいつ頃かははっきりしない。一説には一六世紀にオランダ人がもたらしたとされる。では、それ以前にはウサギはいなかったのかというと、もちろんそんなことはない。ノウサギというれっきとしたウサギが古くから棲んでいた。

実は今、このノウサギを研究することは、太古の日本列島における人間の暮らし、生き方を考えるうえで大変重要な鍵を握っているのである。

1◎歴史の中のウサギ

豪華な副葬品が盗掘されずに残っていたことで有名な奈良県の藤ノ木古墳《ふじのき》。そこから出土した鞍に兎が表現されている（**図1**）。これはどちらかというと舶来のモチーフで、日本列島の考古資料で兎の図像表現はきわめてまれである。だからといって、人との関係が浅かったわけではない。縄文時代の貝塚から出土する動物では、シカ、イノシシに次いでタヌキと三位の座を争う重要な食料源であった。日本列島に古くから棲んでいたノウサギは草むらなどに単独生活する習性があり、アナウサギと違って非常に人に馴れにくく、家畜化されることはなかった。

直接兎が表現されているわけではないが、古墳時代の埴輪には鷹匠を表現したものがある（**図2**）。鷹狩りは、古代の天皇家から江戸時代の将軍家まで、支配者の権威を象徴する行事で、その主要な獲物のひとつがノウサギであったと考えられる。

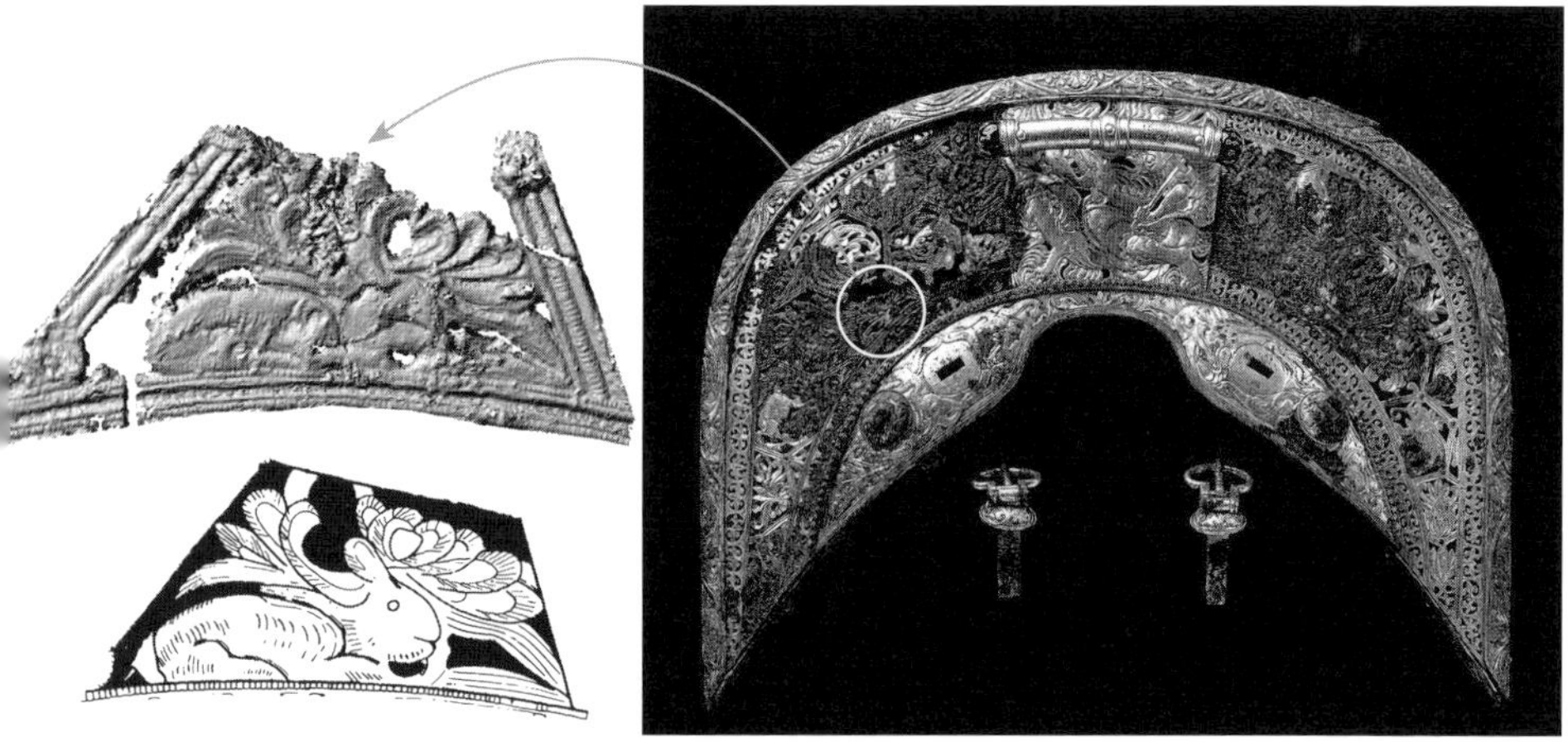

図1◎金銅製鞍金具（後輪）に表現された兎

（古墳後期：6世紀、奈良県斑鳩町藤ノ木古墳）

狩猟の神である長野県の諏訪大社では、古代の狩猟儀礼の色彩を色濃く残すとされる御頭祭《おんとうさい》と呼ばれる神との饗宴の祭りがある。江戸時代（天明四年）にその様子を目撃した本草学者・菅江真澄は、シカ、イノシシ肉とともにウサギの串刺しが捧げられていたことをスケッチしている。

江戸時代の徳川将軍家で、正月元旦の食膳に必ずウサギの吸い物を出していたのも有名である。その由来は、一説には徳川家の祖先が関東管領に追われて信州に逃れた際に、土地の豪農がウサギ肉で正月の食膳に饗したとの伝承によるという。真偽のほどは定かではないが、ウサギを一羽、二羽とも数えるのは、鳥肉と見なすことによって獣肉食の禁忌から除外するためとする説がある。もっとも鳥肉に味が似ているから、あるいは鳥と同じように網で捕るからという説もあるのだが……。

図2◎鷹匠埴輪

（古墳後期：6世紀末、群馬県太田市オクマン山古墳）

明治時代になると、宮内庁は「内膳司に令して牛、羊の肉は平常これを貢進せしめ、豕、鹿、兎の肉は、時々少量を御膳に上せしむ」(一八七一〔明治四〕年)と明治天皇の肉食を公表した。天皇家においても肉食を解禁し、西洋文化を積極的に受け入れることを表明したものであった。このようにノウサギは、食用、あるいは毛皮用として、古来、日本人と深いかかわりをもった狩猟獣であった。

2◈旧石器時代人とウサギ

ナウマンゾウなどの大型獣を追って遊動生活をする勇猛なハンター。こんな旧石器時代人像に修正を迫る珍しい発見が最近あった。青森県下北半島東通村の尻労安部《しつかりあべ》遺跡で約二万年前の後期旧石器時代に属する地層から、石器とともに多数のウサギ科の歯が発掘された(**図3**)。報告者によれば、見つかった動物の歯の九割以上はウサギ科の動物のもので、少なくとも二三個体分に相当するという。歯だけが残っているのは、長い年月の間に骨は溶けてしまい、頑丈な歯だけが残ったためである。これまで旧石器時代人はナウマンゾウやオオツノジカなどの大型動物の群れを追って生活していたと考えられていたので、小動物であるウサギの歯は予想外の発見であった。掘り上げた土を丁寧にふるって遺物の回収に努めたのも新たな発見につながった。

約二万年前は最終氷期でももっとも寒冷な時期に相当し、報告者が指摘するように、ウサギを捕獲した重要な目的のひとつは毛皮の利用であっただろう。だが、食料資源利用の変化という視点からもこの発見は興味深い。

ヨーロッパの旧石器時代の研究では、ウサギなど小動物が果たした役割の見直しがおこなわれている。それは、旧石器時代の中期から後期にかけて、狩猟する小動物の主体がカメや貝からウサギや鳥などに変化することを論じたもので、その背景に人口の増加を想定している。カメや貝は動きが鈍く捕獲が容易だが、再生産のペースが遅く、資源の回復に時間がかかるという特徴がある。逆にウサギや鳥は動きが素早く捕獲するには高度な技術を要するが、資源回復が非常に速い。人口が少ない間はより少ない労力で入手できる前者が主体であったが、人口が増加し、捕獲圧が高まって前者が減少した結果、より技術を要する後者にシフトしていった、という考えである。

この見解に対しては、モデルに当てはまらない例の提示や比較の年代が粗い、傾向を単純化しすぎ

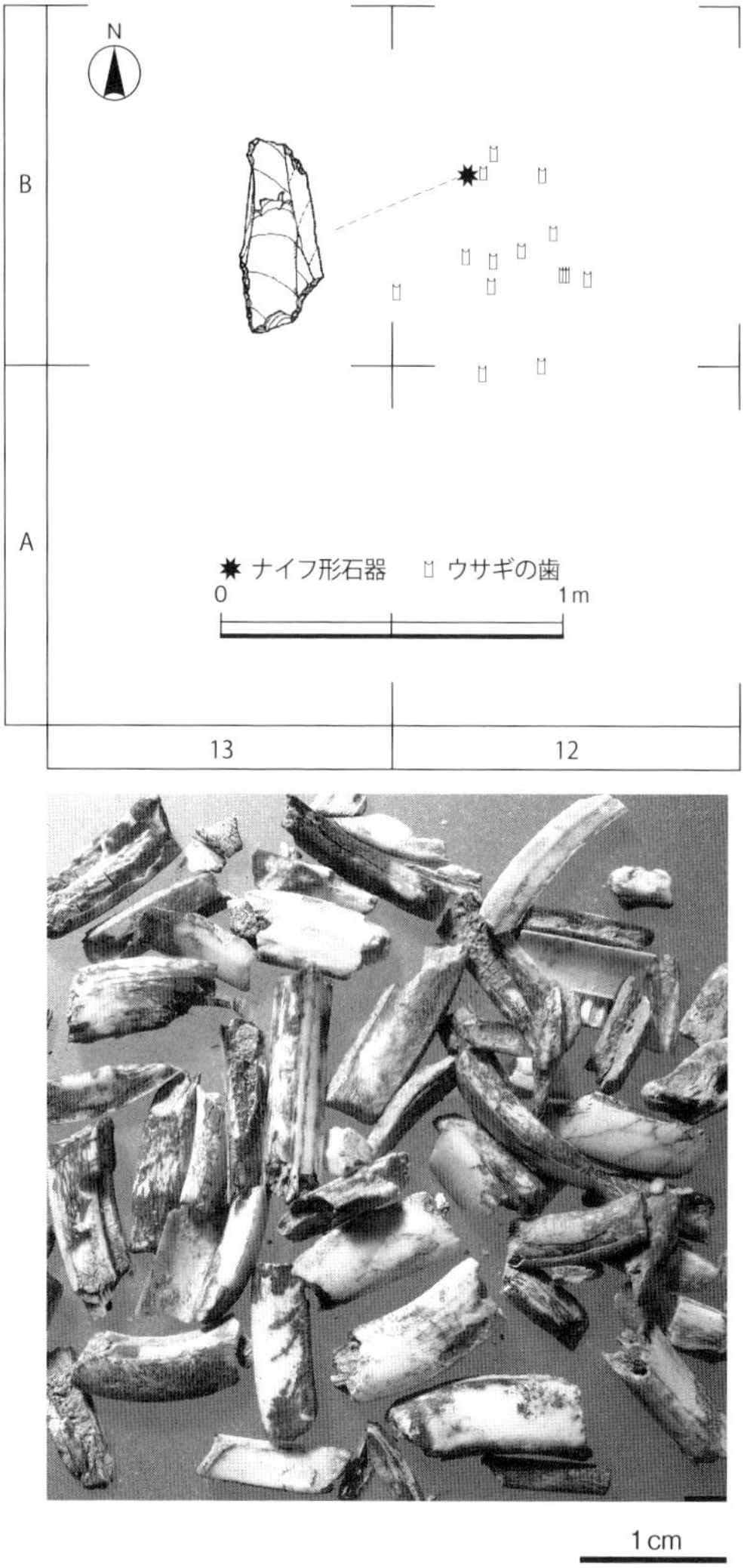

水洗選別で採集されたウサギの歯（一部ネズミ類の歯も含む）

図3◎旧石器時代のナイフ形石器とウサギの歯出土状況
（後期旧石器：約2万年前、青森県東通村尻労安部遺跡）

ているといった疑問が出されており、議論は決着していない。しかし、ウサギの再生産が早く、人口増加期に利用が増えるという視点は検討に値する。一遺跡の例だけで一般化するのは時期尚早かもしれないが、日本列島でも、旧石器時代後期にノウサギの利用が盛んになっていたとすれば、環境変化による大型獣の減少、人口増加による大型獣の捕獲圧の増大、大型獣とは異なる新たな捕獲技術の採用など、ウサギを通じて見えてくる当時の暮らしは意外に多い。

3◎雪国のウサギ猟

秋田県や新潟県などの豪雪地帯にワラダ（ワダラ）猟という特有のウサギ捕りの方法がある。天敵であるワシやタカなどの猛禽類の羽音を聞くと雪を掘って隠れるウサギの習性を利用した猟で、猟師はウサギを見つけるとワラダと呼ばれる藁などを輪っか状にした道具（**図4**）や木の棒をその方向に投げる。そうすると、ワシやタカと勘違いしたウサギは雪に潜り込む。猟師はその穴に手を突っ込み、逃げ場がなくなったウサギを掘り出すという猟だ。

このワラダによく似た遺物が、ワラダ猟が盛んだった秋田県で発掘されている。それは秋田県五城目町の中山《なかやま》遺跡から出土した縄文時代後晩期の樹皮製品である（**図5**）。直径三〇センチほどのドーナツ状で、枝についたままの杉の葉を幅三センチほどの杉皮で巻束ねている。考古学的には非常に幸運な発見例で、単純な棒状の道具が使われていれば、その用途には気づかなかっただろう。

ウサギ猟にはほかにも、くくり罠猟やアキビラと呼ばれる罠などが知られている。前者は縄で簡単な輪を作ってばねにくくっておき、ウサギが通ると反動で輪がちぢまってウサギを捕えるというものである。後者はおもりを吊っておき、やはりウサギが通ると落ちてきて圧殺するというものである。もしそうした猟の痕跡が残っていたとしても、いずれも考古学的にはまず遺構として認識できないし、そもそも狩りの場自体が考古学の調査対象になりにくい。しかし、こうした多様な方法の中に、意外にも古くから存在したものがあることを縄文時代のワラダ発見は教えてくれる。

筆者も、豪雪地帯である新潟県南魚沼市にある縄文時代の洞窟遺跡、黒姫《くろひめ》洞窟で、多数のノウサギの骨・歯を調査したことがある（**図6**）。縄文時代早期の遺跡で、灰や炭化物が集中する小さな層のなかから、ノウサギの歯や骨が一一頭分出土した（図6右下）。ほかにサケの背骨もたくさん出土しているが、その他の哺乳類はイノシシ、カワウソが各一点出土しただけであった。規模からして、おそらく短期間の堆積物であり、狩りや漁の季節に洞窟に寝泊りしてノウサギやサケを集中的に捕る縄文人の姿が想定できる。狩りの方法としては先に見たワラダ猟や罠猟が行われていたのだろう。

この洞窟を調査した人々は他の洞窟を求めて山中を踏査し、中津川の上流で、長野県栄村の近現代の猟師たちが使っていた

図5◎ワラダ類似の樹皮製品
（縄文後晩期：前2000-前1000年紀、秋田県五城目町中山遺跡）

図4◎ワラダ
（秋田県）

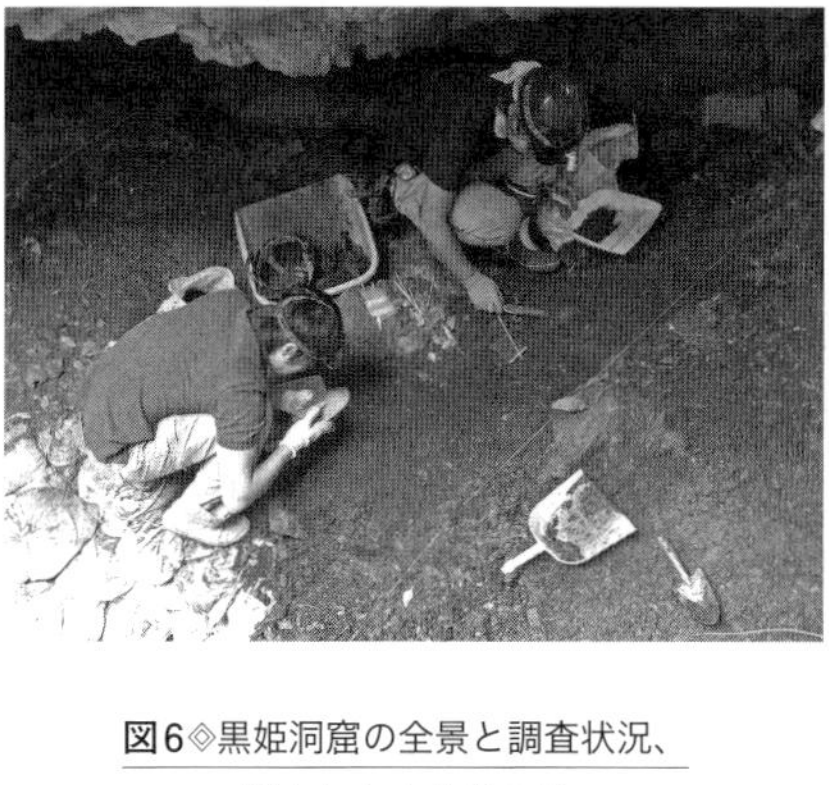

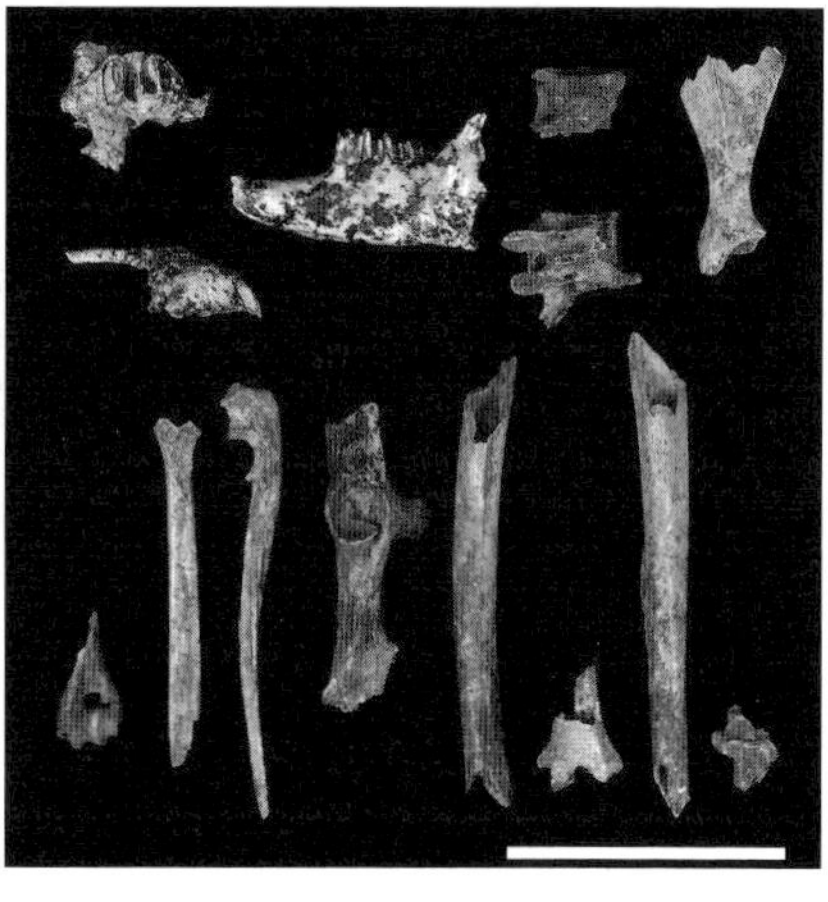

図6◎黒姫洞窟の全景と調査状況、
出土したウサギの骨
（縄文早期：前8000-前4000年紀、
新潟県魚沼市黒姫洞窟遺跡）スケールは5cm

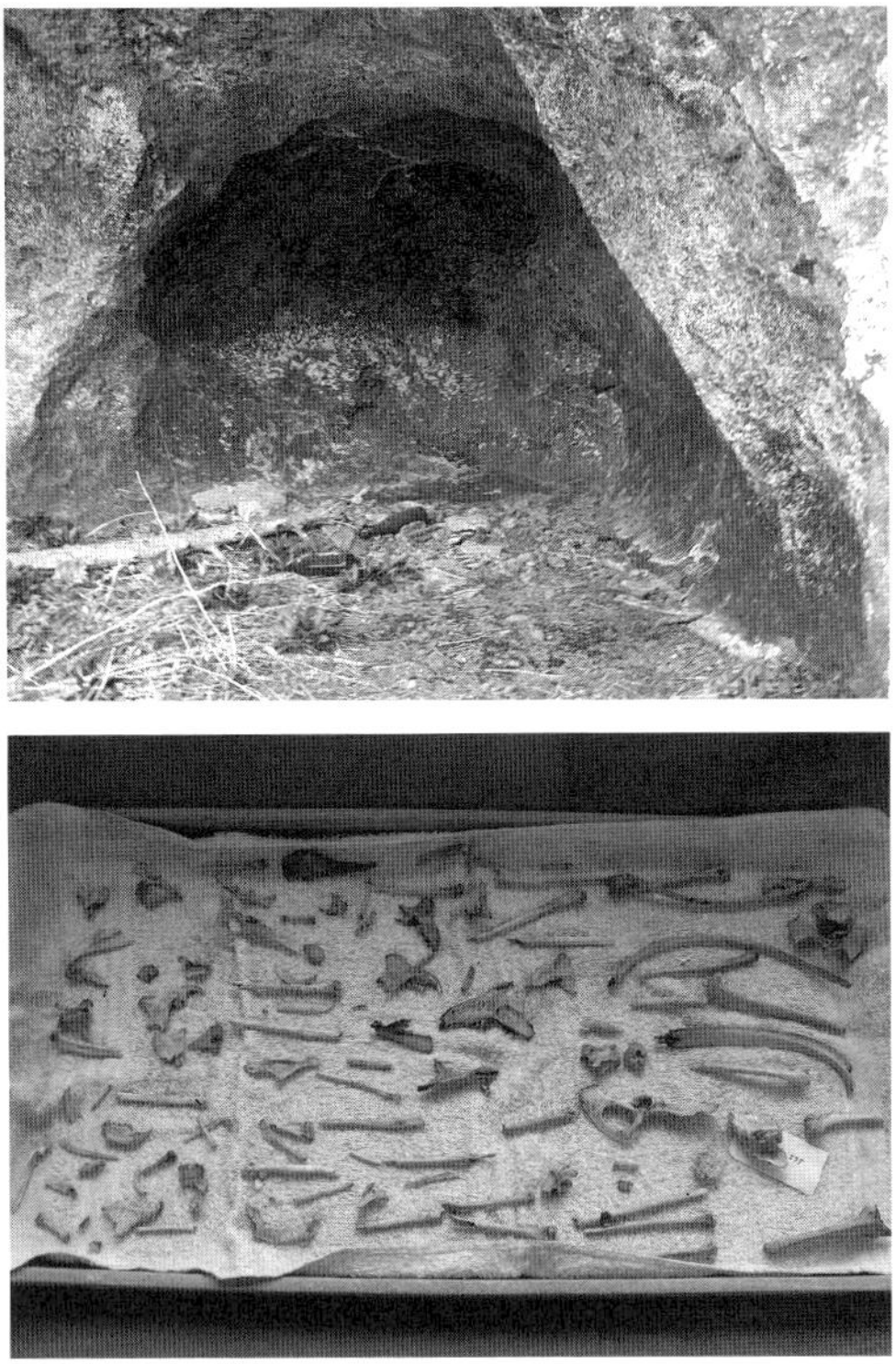

図7◇朝日のリュウと回収された骨
（近現代、長野県栄村朝日のリュウ）

岩陰遺跡を見つけた。朝日のリュウと呼ばれるその岩陰で回収された動物骨を分析したところ、やはりノウサギ、そしてムササビの骨がほとんどであった。数千年の時を経て、山中で同じような狩りが行われていたことに奇妙な感慨を覚えたのが忘れられない（**図7**）。

4◇縄文人とウサギ

冒頭で縄文時代の貝塚でたくさん出土するのはシカ、イノシシで、ノウサギはこれに次ぐと指摘した。ただし、この順位には注意が必要である。まず、ノウサギはシカやイノシシと違って小さいので、ふるいがけなどによって丁寧に遺物を回収していない場合は見落とされる場合がある。またそれ以前に、骨が薄いために、肉とともに叩き潰して食べてしまうこともあっただろう。そうした民俗例もある。実際には、縄文人にとってノウサギは出土量に表れる以上に重要だった可能性が高い。

大規模な縄文集落として有名な青森市の三内丸山《さんないまるやま》遺跡では、珍しいことにシカやイノシシが非常に少なく、ノウサギ三六%、ムササビ三九%と哺乳類の大部分が小型の二種で占められていた。その理由は、大集落の人口を支えるために、周辺のシカ、イノシシ資源を獲りつくしてしまったからだと考えられている。

三内丸山は翡翠や琥珀など遠隔地のさまざまな物資が集積される交易のセンターであった。その中には遠方の集団により持ち込まれたシカ、イノシシ肉もあったのかもしれないが、少なくとも近傍で捕獲され、骨付で持ち込まれるのはノウサギとムササビが主であったのである。この事例は高い人口密度と狩猟圧のもと、狩猟対象獣を大型から小型へと転換せざるをえなかったという、きわめて珍しい例といえる。ノウサギはシカやイノシシに代わる蛋白源として重要な位置を占めていたのだろう。ヨーロッパの旧石器時代で指摘されているように、再生産のスピードが速いという特徴が人間にとっては好都合だったと考えられる。

縄文時代全般を見渡せば、狩りの獲物を選ぶ際の基準として、肉量が多く、労働投下に対する見返りが大きい点が重視され、シカやイノシシが好まれたことは間違いない。この二種が少ないということは、それらが獲りにくい状況下にあったと推測される。

下総台地（千葉県）の貝塚遺跡群における狩猟獣の時期的な変化を見てみよう。この地域では、縄文前期にはノウサギやタヌキなどの中小型獣はそれほど目立たない。しかし、縄文中期になるとこれらが増える傾向にあり、続く縄文後期の前半にも一定量存在する。ところが、縄文後期の後半頃からシカを中心とする大型獣が目立ちはじめ、晩期になるとほぼシカとイノシシの骨からなる骨塚と呼ばれる遺構を形成するようになる。この最後の変化は、貝塚数や遺跡数の減少とともに起きている。

ノウサギやタヌキが増える縄文時代中期や後期前半は、この地域でもっとも遺跡数が多い時期である。このような人口増加期には、周辺に生息する動物への狩猟圧が高まり、獲物としての価値が高いシカやイノシシがまず数を減らしていったのだろう。特にイノシシよりもシカの減少が著しい。一回の出産で数頭の仔を産むイノシシに対し、一頭しか産まないシカはより狩猟圧の影響を受けやすいのがその理由と考えている。そして大型獣が減少する中で、ノウサギやタヌキへの依存が高まっていったのだろう。ふたたびシカが増加する後期後半以降は遺跡が減少する時期である。人口が減少する中で、狩猟圧が低下し、ふたたび優先順位の高いシカやイノシシへと狩りの対象が移り変わっていたと考えることができる。

5◎ノウサギと環境

ノウサギは林業にとっては加害獣である。昭和四〇年代半ばから五〇年代後半にかけて、岩手だけでも二万ヘクタールの植林地がノウサギの食害にあい、有害獣駆除で全国で一〇〇万頭も捕殺されていたという。

長野県の中央アルプスの山中にカメラを設置し、長く定点観測を続けている宮崎学の『森の写真動物記』には、この間の変化が克明に記されている。一九六〇年代から七〇年代にかけて、植林のために山林が一斉に伐採された。そこには開けた場所を好み、雑草や低木の芽を食べるノウサギが多数見られた。しかし、林業の不振とともに人工林が放置され、高木が増えて荒れ放題になると、ノウサギはほとんど見られなくなったという。逆に数を増やしているのがツキノワグマである。荒れた植林地や里山で増えたさまざまな実をならす植物がクマの格好の餌となっているという。

ノウサギは人が作り出した里山や草原環境によく適応した動物であった。三内丸山遺跡でも縄文時代中期の下総台地でも、高い人口密度を支えたのはシカやイノシシなどの肉ではなく、基本的には植物食であったと考えられている。三内丸山遺跡では遺跡の形成とともに、クリ花粉が増加しており、縄文人が積極的にクリを植え、クリ林を管理していたと考えられている。近代の里山のように下草を刈るなどの手入れも行われていただろう。

縄文中期の下総台地でも同様の行為が行われていたと推測される。同じ中期に中部高地ではダイズ栽培の証拠が見つかりはじめている。クリ林や雑木林、ダイズ栽培のために切り開かれた土地はノウサギを引きつけたのではないだろうか。


「うさぎ追いしかの山」の有名なフレーズで始まる唱歌「ふるさと」。そこでイメージされているのは日本の原風景としての里山である。本章で見たように、薪炭や食料確保の場としての里山は縄文時代にその初源が求められる。縄文人は定住化とともに集落周辺の環境への働きかけを強め、自分たちの生存にとって好適な生態系を作り出していったのである。その後の農耕の時代も含め、日本人は里山に手を入れつづけてきた。

ところが、数千年の時をかけて形作られてきたその環境は、戦後のライフスタイルの変化とともに放置され、急速に姿を変えつつある。ノウサギも日本人の生活とは縁遠い存在となってしまった。里山とともに繁栄してきたノウサギは今後どのような運命をたどっていくのだろうか。それは私たち自身が身近な自然とどのように付き合っていくのかという問題と深く関わっている。

【植月　学】

辰

タツ

二〇一一年一一月に来日したブータン国王は、みなさんの心の中に龍がいるのでその龍を大きく育ててください、という談話を残して帰国した。その談話が載っていた新聞の横には、竜巻が襲い何人か亡くなったという痛ましい事件も報じられていた。私の住む千葉県佐倉市の田舎では、四つ辻の杉の木に、正月になるとわらでつくった龍が飾られる。

このように龍は、世界中に広がっていると同時に、日本人の身近な生き物でもある。生き物とはいえ、十二支の動物の中で唯一空想上の動物が、龍である。龍はいったいどこで生まれたのだろうか。そして、日本列島にはいつ頃登場するのだろうか。

1◎龍の発祥

初期メソポタミアのシュメール文明には円筒印章というものがある。それは絵画などが彫られた粘土製のシリンダーで、それをころがして所有者を示した印章である描かれた動物には、胴の長い龍とされるものがある。およそ五〇〇〇年前の古い例であるが、中国の東北地方で、それをさかのぼる八〇〇〇〜七〇〇〇年前の注目すべき資料が発掘された。

遼寧省査海《さかい》遺跡から見つかった龍形の石積みがそれである。花崗岩を長さ二〇メートルにわたって配列したもので、細くうねった胴体に頭、脚と尾をつけている。

また、中国河南省濮陽《ぼくよう》の西水坡《せいすいは》遺跡からは、龍ではないかとされる動物の絵が見つかっている（**図1**）。ヒトの埋葬の両脇に、四本足の動物が一匹ずつ、貝をちりばめることによってほぼ人と同じ大きさで描かれているが、左側の動物が龍で、右側が虎だという。首と背中がうねっていて全体がS字状をなしている。誰が見ても龍だとわかる漢代の図像に近いから、やはり龍とみてよいのだろう。今をさかのぼること六五〇〇年前の初期農耕の時代である新石器時代の絵画である。こんなに古くから龍が生まれていたことに驚かざるをえない。

中国で軟玉などでつくられた装身具や宝器の玉器が生産されるようになると、龍の姿を写した玉器がつくられたり、描かれたりする。

もっとも早く龍をあしらった玉器が生産されたのは、中国東北地方の紅山《こうさん》文化と江南地方の良渚《りょうしょ》文化といういずれも玉器の文化で特徴づけられる文化であり、新石器時代中期の六〇〇〇〜五〇〇〇年

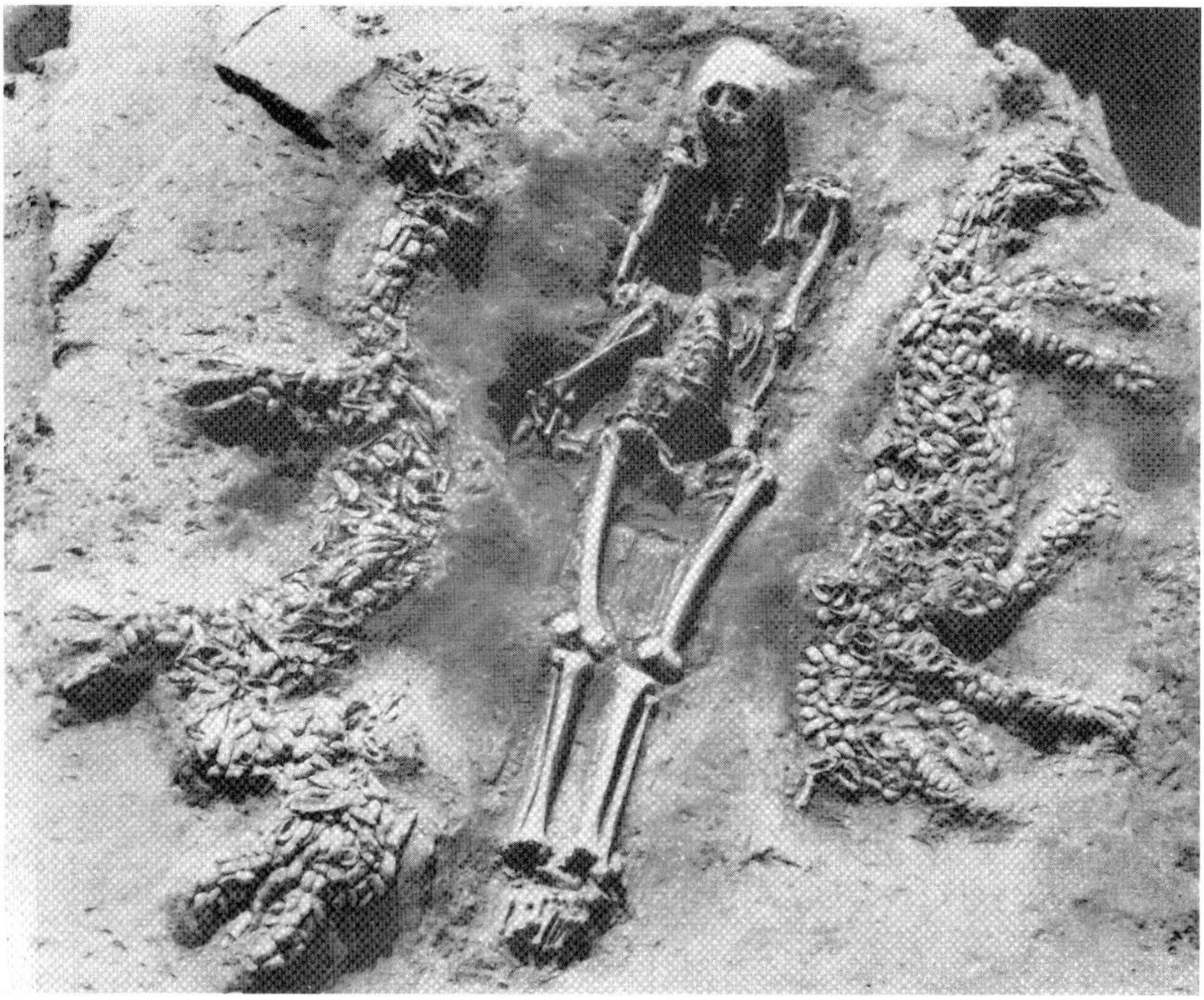

図1◎貝殻で描いた龍
（新石器：前5000年紀、河南省濮陽西水坡遺跡）

前にさかのぼる。

紅山文化では、玉豚龍という美しいC字形の玉製品がつくられ、良渚文化では龍を描いた腕輪などの玉製品が、いずれも身分の高い者の墓に副葬された。

良渚文化には、複雑な細線で獣と人が組み合わさる神人獣面を描いた玉器が生産されたが、その人物はシャマンと考えられている。シャマンは現生と神の世界との媒介者であり、玉器は神への捧げものでもあったわけで、そこに龍がかかわっていることは、龍に神の使いとしての役割が早くから備わっていたことを物語る。

ただ、初期の頃には家畜であるブタと融合してつくられたように、絶対的な地位をもつものではなかった。

城壁などが築かれる五〇〇〇～四五〇〇年前の新石器時代後期、龍山文化の時代になると、蟠龍《ばんりゅう》と呼ばれる高貴な地位を示した神獣へと昇華していった。四〇〇〇年前の夏王朝の都と推測される二里《にり》頭《とう》遺跡から発掘されたトルコ石をはめ込んだ板飾りは、湾曲した胴と巻尾をもつ龍である。さまざまな色の石が二〇〇〇個も用いられた、高貴な身分の者の副葬品であった。

王権とかかわるようになった龍にどのような意味があったのか、さらに具体的に知る手掛かりはないだろうか。龍の発祥の地、中国では、漢代になるとリアルな龍が描かれ、また文献にも登場する。龍とはどのようなものか、人とのかかわりはどのようなものだったのだろうか。

2◎漢代の龍

漢代には、墓室の壁石に絵を描くようになる。画像石といわれるが、龍が盛んに描かれる。なかには魚とともに描かれた龍が、人物を乗せている絵がある。人物も龍も羽をはやしている。この画像石は二つのことを語っている。一つは、龍が鱗のある生物の王様であること、もう一つは龍が仙人の使いであることだ。乗っている人物も仙人の使いであり、羽人と呼ばれる。「神龍」の文字のある龍を描いた画像石も出土しているが、この絵には、龍の喉のところをくすぐっている羽人が描かれている。龍の喉を逆なでにすれば「逆鱗に触れる」のが普通なのに、おとなしくしているほど龍を操るのが巧みであることを描いたものらしい。
図2は、璧を挟んでにらみ合う、青龍と白虎を描いた画像石である。璧は財産の象徴で、皇帝や首

長の権威の品である。それを守るのが虎と龍であった。

図3など四匹の龍が絡まりあった構図の画像石もある。長い胴の動物が絡まりあうのは、中国の古代思想を反映したモチーフである。たとえば蟠螭《ばんち》文鏡という鏡は、数匹の龍のような動物が絡まりあった構図であり、「わだかまる」姿に崇高な哲学的思想が隠されている。

また、人首龍身の図像も画像石にはよく見かける。なかには龍が皇帝の体に絡まると同時に、皇帝の顔も龍に近くなった絵画も認められる。長沙市の馬王堆《まおうたい》遺跡は前漢代の保存状態のよい高貴な人物の遺体が発見されたことで知られているが、その木棺には、弱水に脚をすくわれる虎や麒麟とともに、雲気を発しながら天に昇る龍が漆によって鮮やかに描かれている。

文献で龍はどのように描かれているのだろうか。戦国時代に編纂された地理書である『山海経《せんがいきょう》』には、次のような記載がある。白い龍が中国の南にいて、天上に帰れなくなったので、そこが日照りになった。そして、日照りのときには龍の似姿を土でつくると、日照りが解消して大雨になったというものである。紀元前二世紀につくられた思想書の『淮《え》南《なん》子《じ》』には、龍は霧を呼んで動きまわり、雲に乗って空に上がるという記述がある。二世紀の辞典『説文解字』には、龍は鱗のある動物の王様だと書かれている。司馬遷が編纂した『史記』によれば、大地の中央にあ

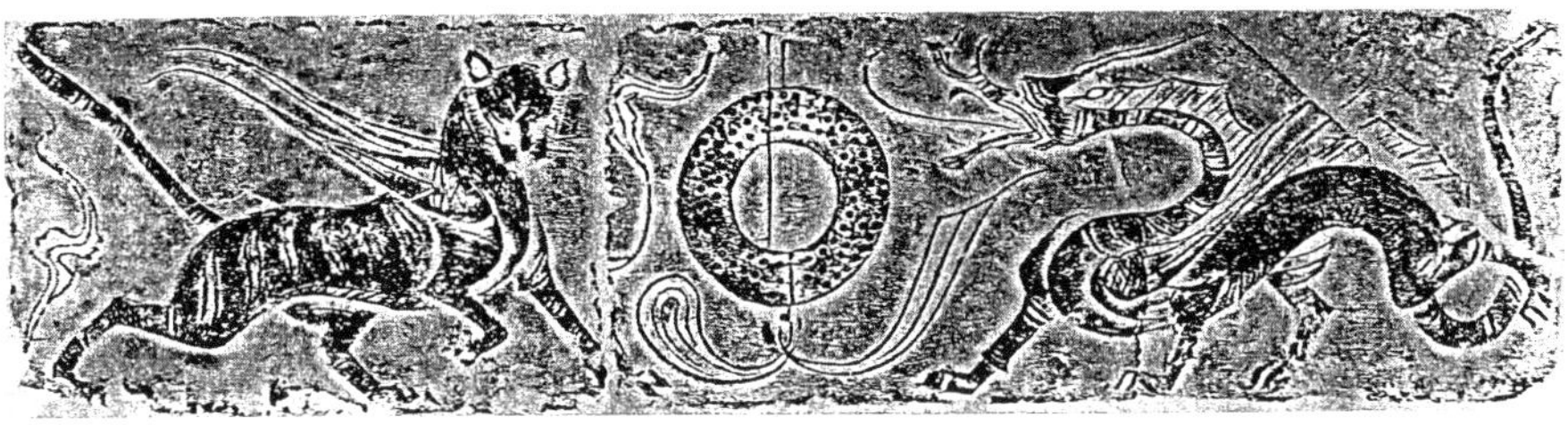

図2◎璧を挟んでにらみ合う龍と虎の絵のある画像石

（中国後漢代：1-2世紀）

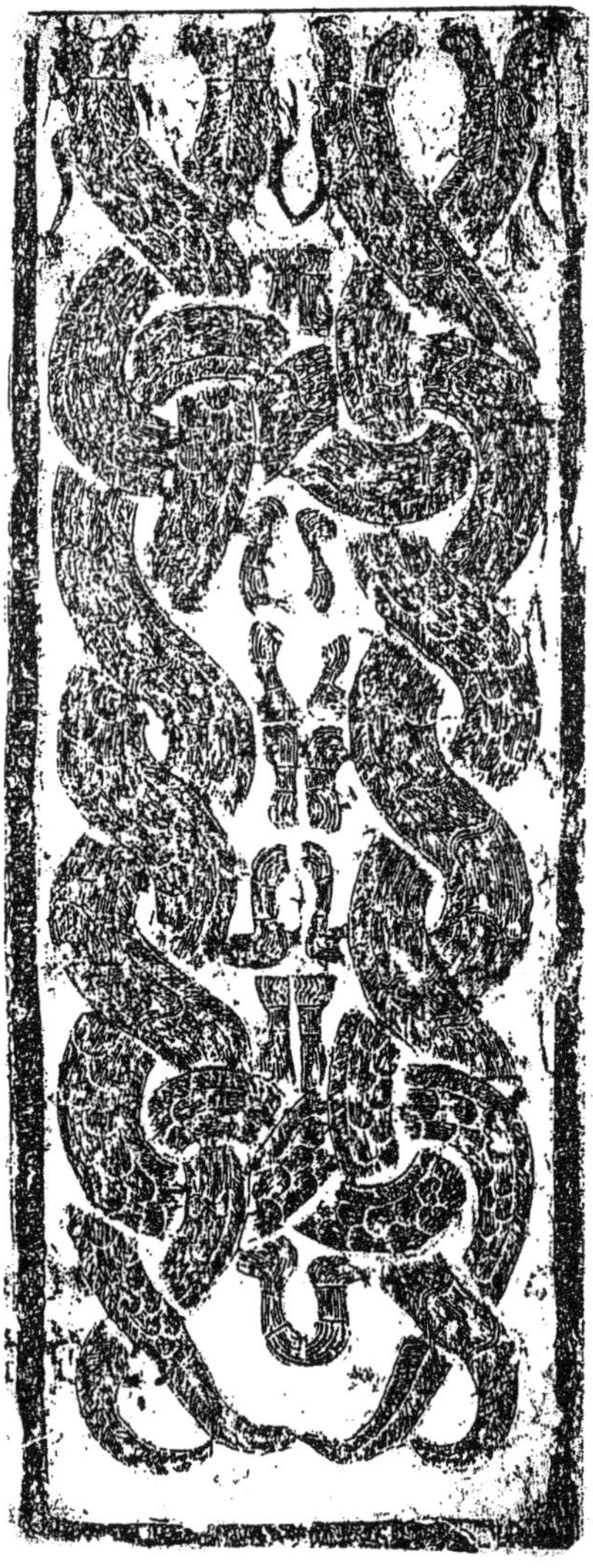

図3◈絡み合った4匹の龍の絵のある画像石
（中国後漢代：1-2世紀）

る神の山、崑崙山《こんろんさん》に昇るときに、難所である弱水を渡るためには龍に乗らなくてはならなかった。先ほど紹介した馬王堆の絵画は、まさに龍が他の動物をしり目に崑崙山へと飛翔する様を描いた傑作だ。

したがって、龍はマジカルなパワーをもっており、地上や水中と天を自由に行ったり来たりできること、鱗のある動物の王であるだけに日照りの際に雨を呼ぶ水をコントロールする力を備えていること、そして皇帝に仕えあるときは皇帝の化身となる場合もあるほど深く権力と結びついていること、胴の長い動物であり、幾匹もがあるいは自らがわだかまる姿が崇高な古代思想の象徴であることなどが、その特性と理解できる。天に昇り仙人に仕える役割が、中国古代の神仙思想と深いつながりがあることはいうまでもない。

図4◎龍を描いた青銅鏡
（弥生後期：1世紀、佐賀県唐津市桜馬場遺跡　矢印が龍）

3◎日本列島への龍の渡来

日本列島に龍の絵が登場するのは、紀元一世紀の弥生後期の青銅鏡である。

紀元七〜二五年の中国は、新の王莽が統治した時代であるが、佐賀県唐津市の桜馬場《さくらのばば》遺跡から出土した鏡は、王莽がつくらせた鏡である。方格規矩四神鏡とよばれているが、白虎、玄武、朱雀とともに青龍が描かれている（**図4**）。この四匹の動物がいわゆる四神であり、神仙思想にもとづいた神仙界の生き物である。福岡県糸島市の井《い》原《わら》鑓溝《やりみぞ》遺跡のように、弥生後期の北部九州の甕棺墓からこの鏡が多量に出土する場合がある。

中国の鏡が日本列島にもたらされるようになったのは、あるきっかけによる。紀元前一〇八年、現在の平壌付近に中国の出先機関である楽浪郡が武帝によって設置されると、日本列島

図5◈龍を描いた土器
（弥生後期：1世紀、大阪府和泉市・泉大津市池上曽根遺跡）

に漢代の文物が急速に流入するようになった。さらに紀元五七年には、北部九州の奴国が漢の光武帝に使いを送ったが、江戸時代に志賀島《しかのしま》から出土した金印は、そのときに授かったものとされている。北部九州に大量に方格規矩鏡がもたらされるのも、こうした中国との関係を母体にしたものであろう。

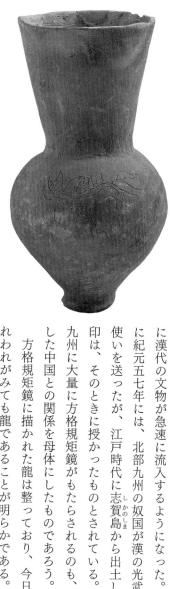

方格規矩鏡に描かれた龍は整っており、今日のわれわれがみても龍であることが明らかである。それは、これらの鏡がいずれも中国でつくられたものであり、龍の本場からもたらされたものだからである。それでは、日本列島の人々によって描かれたり、つくられた龍はあるのだろうか。

大阪府和泉市と泉大津市にまたがる池上《いけがみ》曽《そ》根《ね》遺跡から出土した弥生後期の長頸壺に描かれた龍は、もっとも原型の龍の絵画に近い（**図5**）。S字状の体に鰭や脚などが描かれ、あごや目の表現もある。また、大阪府八尾市の八《や》尾《お》南《みなみ》遺跡の土器に描いた龍も、これらの特徴を有している。顔の先に円形の線刻があるのは、龍がもてあそぶ太陽を表現したものと見られないこともない。これらを桜馬場遺跡から出土した方格規矩鏡の龍とくらべると、まるで子供が描いたようなものだが、それでもいくつもある弥生時代の龍の絵の中では原型に近い。

その後、龍の絵画はどんどんと形をくずしていき、弧線だけで表したものが龍として通用するまでになった。それは、日本列島の人々にとって、龍のイメージがリアルなものではなく、すぐに変化してしまうような頼りないものだったからである。そして、鏡にしても龍の原型的なモチーフや意識が特権的な扱いをされており、いわゆる庶民が身近に扱えるようなものではなかったからであろう。

4◎龍と王権

吉備地方は、弥生時代の龍の絵画土器がよく見つかる地域である。なかには岡山市の加茂A遺跡から出土した土器のように、人首龍身の絵画もある。ハート形の顔をしており、素朴だが、脚があるS字の胴をもった動物は龍以外には考えられない（**図6**）。問題は、中国では、人首龍身や龍をまとった人物は位の高い者、あるいは皇帝であることである。

吉備地方は弥生後期の二世紀に、山陰地方とともに周辺地域に先駆けて独自な権力構造を整えていった。周辺地域である九州と近畿地方では、弥生後期には伝統的な青銅器の祭りを強化し、巨大な銅矛と銅鐸をシンボルとしていたが、その頃の吉備地方はすでに青銅器の祭りをやめ、大きな墳墓を統合のシンボルとするようになっていた。岡山県倉敷市の楯築《たてつき》墳丘墓、山陰地方では島根県出雲市の西谷《にしだに》三号墓など、いずれも墳長数十メートル、高さ十数メートルの規模を誇る立派な高塚である。埋葬主体に木槨を採用し、木棺の中には厚く水銀朱を敷くなど漢代の墳墓様式と祭祀を採用して、のちの前方後円墳の基礎を築いた。

楯築遺跡などで墳丘に立て並べたのが、いわゆる特殊器台である。吉備地方で独特の墳墓祭祀に用いたこの祭器には、これまた独特な文様が施された。線の束からなる帯を潜らせ、絡み合わせた弧帯文という文様である。弧帯文の原型は龍の絵画だったのではないか、という見解がある。特殊器台の間を埋める組み帯状の旋回文は、漢代の画像石にまったく同じモチーフをみることができる。

楯築遺跡の墳頂部には、弧帯石という特殊な石が祠の神体として置かれていた(**図7**)。葬送儀礼

図6◈人頭龍身の絵のある土器
(弥生後期:2世紀、岡山市足守川加茂A遺跡)

図7◈人頭表現のある弧帯石
(弥生後期:2世紀、岡山県倉敷市楯築遺跡)

に用いられたであろう弧帯石は、弧帯文をびっしりと彫りこんだ大きな石であり、側面に人の顔も浮き彫りにされている。この石造物については人体を弧帯文でがんじがらめにしたようなところから、死者が外に飛び出さないようにしたという解釈がある。しかし、弧帯文が龍のモチーフだという仮説に立てば、人首龍身の彫刻と考えるのが妥当である。

　こうした推測が正しければ、青銅器を用いた伝統的な祭祀を払拭し、古墳へとつながる新たな権力の象徴的な儀礼行為として、吉備地方の勢力は中国の文化を採用したと考えられる。龍が権力と結びつく中国本来のあり方も、吉備地方の墳丘墓形成という新たな動向を理解する支えとなるであろう。

5◎井戸と龍

　岡山県真庭市の下市瀬《しもいちぜ》遺跡で見つかった井戸は、板を四角く組んでつくったものである（**図8**）。弥生時代の井戸は一木をくりぬいたタイプが多い中で、珍しいタイプである。東側に板を敷いた足場があり、小さな銅鐸がころがっていた。すぐ脇の井戸枠の中央に木杭が立てられているが、その先端に紐の痕跡が残っていたので、銅鐸はここに吊るされていたのであろう。井戸の中からは木製農具やきれいな文様をつけた壺形の土器が出土しているが、それらにまじって龍の絵を描いた高杯の脚が出土した。

　S字状の旋回文を横に連ねるだけで首も足も鰭もなく簡略化されているが、S字状の胴体をしっかりと描いて龍を象徴化している。おもしろいのは、その右側に棒のようなものを掲げた人物が描かれていて、棒の先端が龍の胴体に接していることである。長崎県にはおくんちという祭りがある。この

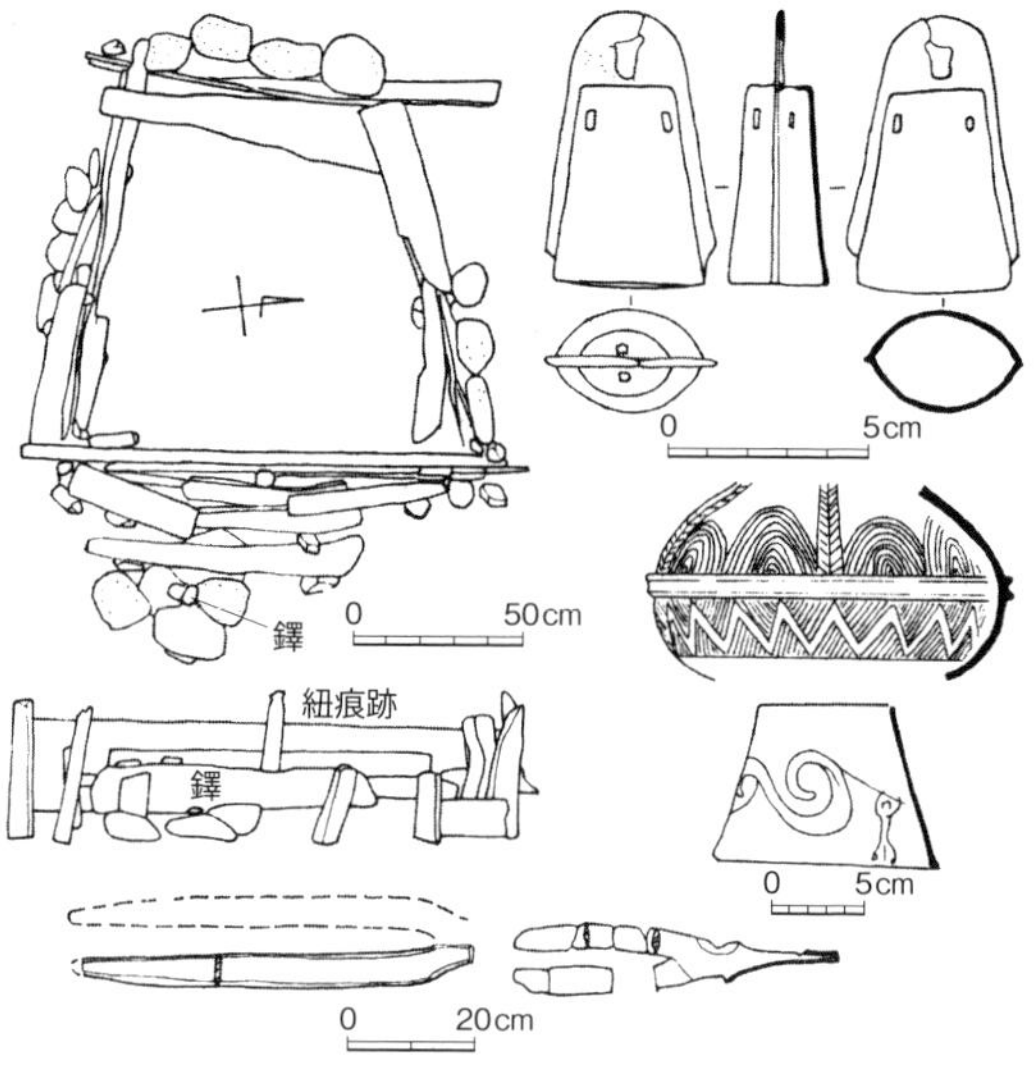

図8◎井戸と出土遺物
（弥生後期：2世紀、岡山県真庭市下市瀬遺跡）

祭りは、大きな龍の張りぼてを何人もの人が棒で支えて練り歩くもので、棒を上下することで龍はうねうねと進む。そのとき、先頭の人物が先端に球をつけた棒で龍を先導する。漢代の画像石にしばしば人物が龍の使い手として登場することから、この図像は龍とその使い手を描いたことは間違いないだろう。

井戸の役割は、水を供給する施設であったことはいうまでもない。水は古今東西を問わず、生きる者にはすべてに必要なものだが、水田稲作を始めた弥生時代には別の意味でもとくに重視されるようになった。三〜四世紀の奈良県桜井市の纒向《まきむく》遺跡や古墳時代の群馬県高崎市の三ツ寺《みつでら》Ⅰ遺跡などで水の祭祀の跡がみつかり、律令期になると奈良県明日香村の水落《みずおち》遺跡で水時計が出土するように、王者は水を支配するようになった。このことは治水が王権にとって、必須の事項となった過程を示している。

そこで思い起こされるのが、中国の古代の文献に龍が雨乞いと深く結び付いた記述が散見されることである。その中のひとつ、『山海経』には、龍の似姿を土でつくると日照りがおさまり、雨が降るという説話を載せていることはすでに紹介した。龍の似姿のうつわは周代の青銅器にあるにはあるが、土龍は当の中国では見つかっていない。ところが、弥生時代に土龍を髣髴させる土製品がある。岡山県倉敷市矢部でみつかった龍の頭（**口絵⑥**）がそれである。

口を半開きにして、目を描き、角を表現する。口の周りの線はひげのように見える。首のあたりのS字状の文様は龍の胴体そのものであり、そのモチーフ自体が龍の表現である。漢代の龍の図像（図2）と比較しても、龍をかたどった器であることに間違いはないだろう。頭の筒状の部分から液体を注ぎ、今は欠けている胴部に貯めて、口からドボドボと注いだのであり、まさにこれは土龍である。弥生後期、今からおよそ一八〇〇年前のものである。

同じ頃、南九州の鹿児島県域でも龍の絵画が土器に描かれた。当時洪水が多発していたという発掘調査の証拠から、洪水をおさめるのを期待して龍を描いたのではないかと推測されている。

6◎龍の文化史

紀元一世紀の弥生後期に権威の象徴として日本列島に渡った龍は、その当初から略化されてデザインされたために、リアルな絵画は根づかず、すぐに記号のような絵に置き換わってしまう。弧帯文は変化を遂げて墓室や刀の柄を飾る略化した直弧文になった。それは依然として権威の象徴あるいは辟邪のモチーフとして重要な位置を占めたが、その起源が龍であったことを当時いったいどれだ

図9◎龍の意匠のある太刀の柄頭
（古墳後期：6世紀、静岡県藤枝市瀬戸E9号墳）

けの人々が知っていただろうか。

龍が再び日本列島にみられるようになるのは六世紀になってからである。太刀の柄頭に施されたリアルな意匠として再登場した(**図9**)。この環頭太刀の装飾は朝鮮半島から伝わったものであり、中国の龍と同様きわめてリアルにこしらえられたもので、弥生時代の龍とはおよそ異なる。

七世紀に奈良県明日香村の高松塚古墳やキトラ古墳の墓室の壁に描かれた龍もまたリアルであり、中国あるいは高句麗の壁画古墳の絵師が直接ないしその手ほどきで描いたものとされる。福岡県沖ノ島で出土した龍頭の装飾品もリアルだ(**図10**)。

その後、龍は仏教の導入とともに日本に定着していった。日本の龍の説話が僧や寺にまつわるものが多く、縁起絵巻の中に描かれているのは、それを物語っている。

しかし、説話の中の龍は雨乞いの神様として信仰の対象になっている場合が多く見出されるのであり、それは龍のもつ役割の普遍性・不変性も同時に物語る。龍は中国から繰り返し流入し、文化として定着して日本人の信仰の基層を形成した。その龍の登場が、弥生時代という農耕の始まりの時代に求められるのも、龍の果たした大きな役割と無縁ではない。


【設楽博己】

図10◎金銅製龍頭
(古墳後期:6世紀、福岡県宗像市沖ノ島)

巳

ヘビ

ヤマタノオロチの退治で、スサノオノミコトが酒に酔わせたヤマタノオロチの尾を切り刻み、中から出てきた天叢雲剣《あめのむらくものつるぎ》をアマテラスオオミカミに献上する。

この剣は、のちに草薙剣《くさなぎのつるぎ》と呼ばれるようになり、三種の神器の一つとなった。この神剣は、巨大な蛇の怪物の尾から出てきたこともあり、霊妙なる蛇の剣であるとも考えられている。

このように、古代神話で強者の象徴として表現された蛇は、剣のような武器の象徴となったが、先史時代から、人々は古代神話で表現されたものと同じような特別な意味や役割を、蛇に見いだしてきた。ただし、先史時代における蛇の意匠は、縄文時代に多く認められるが、弥生時代以降はほとんど見られなくなる。その一方、弥生文化の起源に関係している中国北方地域には、蛇の意匠が多数存在する。

1◎縄文の蛇信仰

縄文時代中期初め頃、中部高地や関東地方では、土器に人面の装飾が取り付く場合が多くなる。粘土の紐を貼り付けた立体的なモチーフである。そして、中期中頃になると、人面の頭頂部や後頭部に蛇を装飾するようになる。後頭部のあたりでとぐろを巻き、頭頂部に顔を突き出すものが多く、大きな口を開けているものもある（**図1・2**）。

口絵⑦は、長野県岡谷市の榎垣外《えのきがいと》遺跡から出土した人面をもつ土器である。口縁部に内向きの人面装飾があり、正面に蛇が右巻きに這い上がる構図となっている。裏側の人面装飾の下にも同様なモチーフが見られる。

ヘビは、土中に穴を掘って冬眠し、脱皮をして成長し、森林や水辺に生息する。ヘビの中でもマムシは毒をもつ危険な存在で、脅威でもある。縄文人は、ヘビの生態的特徴をつぶさに観察し、それらを日々の生活のさまざまな面に重ね合わせ、あるいは連想し、崇拝の対象としたのであろう。

こうした縄文の蛇信仰については、いろいろな考え方があって、蛇の形態から男根を連想し、その蛇の強烈な生命力と毒で敵を倒す強さから、縄文人の性に対する情念を想起する吉野裕子さんの説、森の象徴として蛇は重要な存在であったとし、とくにマムシを「土の主、土の精霊」と見なす春成秀爾さんの説、人面把手をもつ器全体を「女神の首」と解釈する渡辺誠さんの説など、さまざまである。

なぜ土器に表現された蛇をマムシと判断できるかといえば、それは山梨県笛吹市一の沢遺跡の土偶（**図3**）のように、「ダブル・ハの字文」と呼ばれる両目の下の二本の弧線の部分と、頭が三角形をな

図2◎人面装飾土器
（縄文中期：前4000年紀、
山梨県笛吹市・甲州市釈迦堂遺跡群）

図1◎マムシの顔をした人物装飾の有孔鍔付土器
（縄文中期：前4000年紀、山梨県南アルプス市鋳物師屋遺跡）

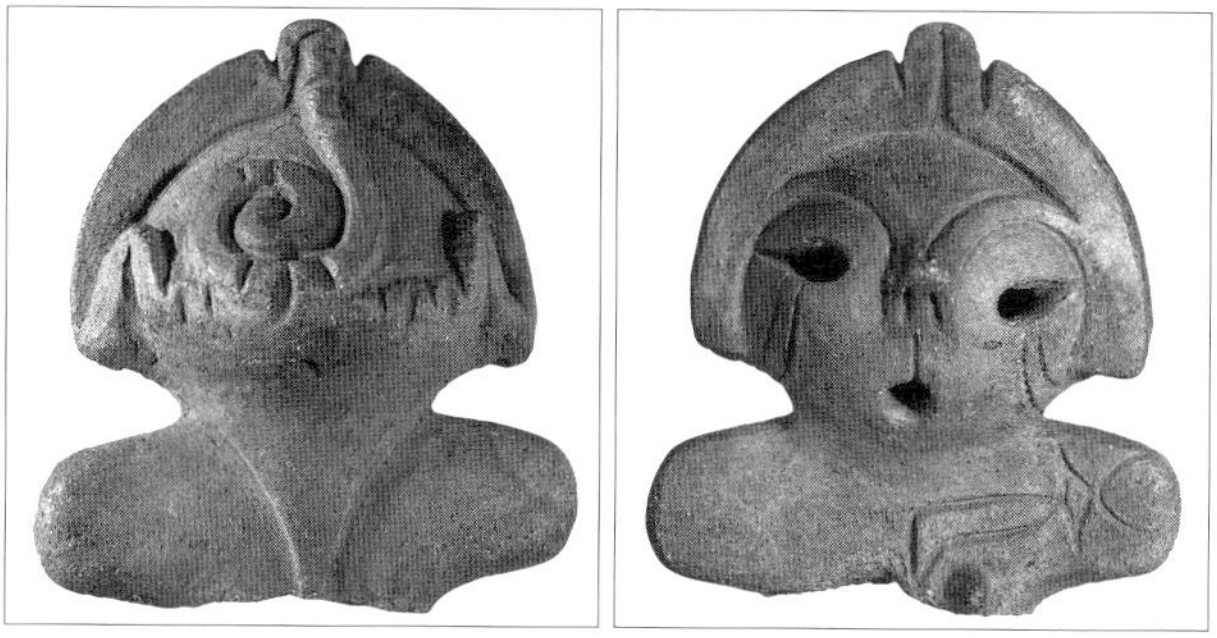

図3◎マムシの巻き付いた土偶
（縄文中期：前4000年紀、山梨県笛吹市一の沢遺跡）

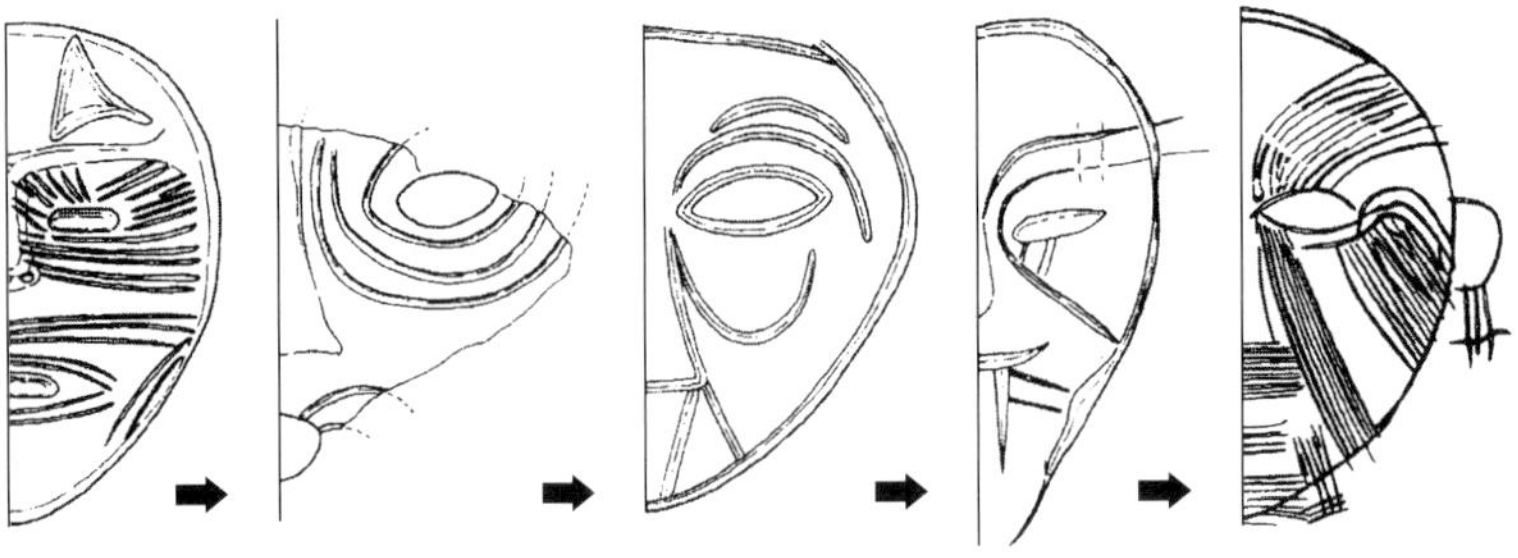

| 黥面土偶
(栃木・後藤)
縄文晩期：
前10世紀 | 人面付土器
(岡山・田益田中)
弥生前期：
前9〜5世紀 | 銅鐸絵画
(島根・加茂岩倉)
弥生中期：
前3世紀 | 黥面線刻板
(福岡・上鑵子)
弥生後期：
1〜2世紀 | 黥面線刻土器
(愛知・亀塚)
弥生終末期：
3世紀 |

図4◎黥面の変遷

すことがマムシに似ているからだ。ダブル・ハの字文については、最近、松本直子さんによって、マムシの目の下の黒条が起源であるという興味深い説が出された。確かにマムシの頭部の側面には、目を挟む形で黒条という帯状の班文がある。そして、一の坂西遺跡の土偶の頭部の三角形状の表現もマムシ的であり、しかもこの土偶の頭には蛇が渦巻く特徴も見られ、マムシを象徴化したと判断できるのである。

設楽博己さんは、中部高地の縄文時代中期のダブル・ハの字文は、縄文時代後期にさまざまな装飾のバリエーションを生み、晩期後葉に黥面《げいめん》土偶が誕生したとする。そして、黥面土偶の顔面装飾の系譜を、**図4**のように弥生時代中期より後の時代の土偶や土偶形容器、そして絵画に辿れることを明らかにし、さらに埴輪などのイレズミの表現が**図5**のような三世紀頃の黥面の系譜の一つにつながるものと考えた。すなわち、「倭人伝」記載の「男子皆黥面文身」は縄文の系譜に連なるわけであり、この系譜に古代のイレズミもあったことになる。このように考えることができるとすれ

図5◎黥面絵画土器
（弥生終末：3世紀、愛知県安城市亀塚遺跡）

ば、マムシなどの蛇に起源する入れ墨や仮面の装飾は、象徴的な装飾として約五〇〇〇年以上の長期間存続したことになる。

　イレズミは、時代によっては身分や出自の標徴となったが、毒で敵を倒すマムシの特徴が辟邪の意味となり、その入れ墨を施した人間に害を及ぼさないようにしたのである。

2◎中国北方の剣と蛇

　東アジアで最古の銅剣は、殷代併行期（前一五〇〇年頃）の内蒙古自治区にある朱開溝《しゅかいこう》遺跡の短剣である。この銅剣で興味深いのは、剣の身が鍔付近でハの字に飛び出して開いていることだ。これはハの字格と呼ばれる（**図6①**）。この部分は蛇のペニスを表現した可能性があり、剣全体を蛇に見立てたのであろう。猛毒のマムシなどは、繁殖期に攻撃的になる特徴があり、そうした攻撃性と剣のような形状がメタファーとなって剣の象徴となり、ペニスも合わせて表現されたのであろう。

　当地域ではその後、殷代後期併行期（前一三〇〇年頃）の李家崖《りかがい》文化段階に、蛇のペニスを身の中央部で両脇に巻き込みながら飛び出ている様を忠実に表現した蛇匕首がある（**図6②**）。ヤマタノオロチと剣が象徴的に結びつくような発想は、剣が出現段階から蛇を象徴として成立したことに始まるので

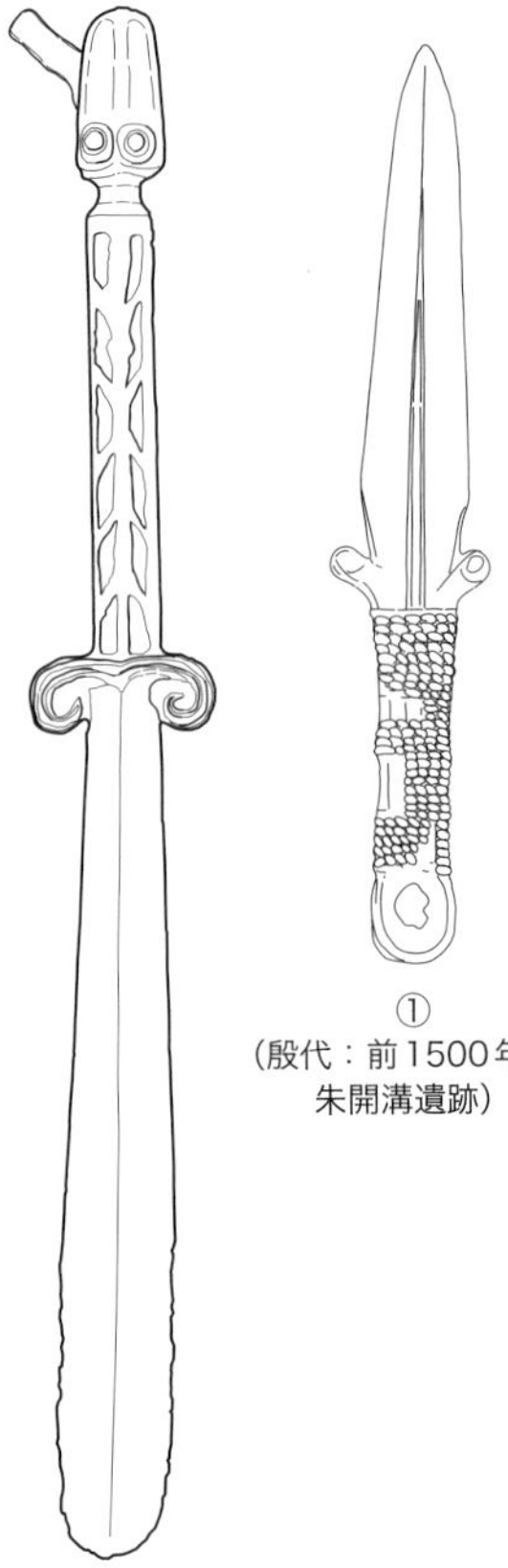

①
（殷代：前1500年頃、
朱開溝遺跡）

②
（殷代後期：前1300年頃、
内蒙古周辺）

図6◎剣に表現された蛇
（殷代：前1500-1300年頃、内蒙古周辺）

図7◎マムシの形を
連想させる銅剣
（前1100年頃、双房遺跡M6）

ある。

この銅剣の系譜は、内蒙古南部から北側の中国北方の有柄銅剣の祖型であり、ハの字格の系列はその後、春秋時代頃まで残存する。その他、春秋時代頃の河北省の長城地帯周辺の剣鞘や有柄銅剣には蛇の意匠が盛んに表現され、さらに蛇のモチーフを有する剣は中国北方地域に広く広がった。

一方、今の遼寧省を中心に分布した、遼寧式銅剣の起源と考えられる前一一〇〇年頃の双房《そうぼう》遺跡M6出土の銅剣（**図7**）は、棘状突起が剣先の方について、頭部が三角形状をしているマムシ（サンガ

POST CARD

恐れいりますが
切手をお貼り
ください

113-0033

東京都文京区本郷
2-5-12
新泉社

読者カード係 行

ふりがな		年齢	歳
お名前		性別	女・男
		職業	
ご住所	〒 都道府県 区市郡		
お電話番号	– –		

◉アンケートにご協力ください

・ご購入書籍名

・本書を何でお知りになりましたか

□書　店　□知人からの紹介　□その他（　　　　　）

□広告・書評（新聞・雑誌名：　　　　　）

・本書のご購入先　□書　店　□インターネット　□その他

（書店名等：　　　　　）

・本書の感想をお聞かせください

＊ご協力ありがとうございました。このカードの情報は出版企画の参考資料、また小社からの新刊案内等の目的以外には一切使用いたしません。

◉ご注文書（小社より直送する場合は送料1回290円がかかります）

書　名	冊　数

クマムシ）を連想させる形状となっている。遼寧式銅剣の最大の特徴であるこの棘状突起は、次第にその位置が下がり、形骸化しつつも日本列島の平形銅剣にまで引きつがれる特徴である。この部分は当初剣の先端部分付近にあって実用的機能をもっていたが、すぐに下方に移動して形骸化してしまう。この棘状突起は、銅剣が誕生した段階から付与された象徴的意味を示す部分であったからこそ、機能を失っても最後まで残存したのであろう。

　このように蛇が剣の象徴であるということは、剣を収納する剣鞘にも波及していく。

　内蒙古自治区南部と遼寧省を分けるヌルルホ山脈の西側には、西周中後期頃（前一〇世紀頃）に剣鞘自体を蛇であるマムシに見立て、目鼻をも表現している熱水湯《ねっすいとう》遺跡例（**図8-1**）がある。口部と底部は三角形状に突出し、体部は尖りつつ波状を呈する。体部中央に隆線状の脊があり、これを挟んで口部付近に目と鼻をもつ。頭部三角形からマムシを表現したものと思われる。

　西周早期段階には、河北省にも、琉璃河《るりがわ》遺跡などにこうした北方系の影響で蛇が巻きつくような剣鞘があり、この剣鞘の系譜は内蒙古自治区を中心とするオルドス地域から寧夏回族自治区一帯の中国北方地域にも広がる。鞘の形態とデザインは図8-1と同類である。この形態の鞘で蛇を表現したものは、雲南省にまで広がり、さらに黒海沿岸のスキタイの剣鞘とも関係をもつ。

　これよりやや遅れて西周後期頃（前九世紀）出現する長短の剣鞘を連ねて鋳造した連鋳式剣鞘（**図8-2**）も、口部は三角形をなし、体部と底部のあり方も同じであり、マムシに見立てているのは明らかである。

　さて、こうした連鋳式剣鞘の多くは、形状が蛇（マムシ）形であるのと同時に、表面に三角形透かし文様をもつ（図8-2）。当初は三角形と菱形からなる網の目のような構成をなし、その後、菱形部

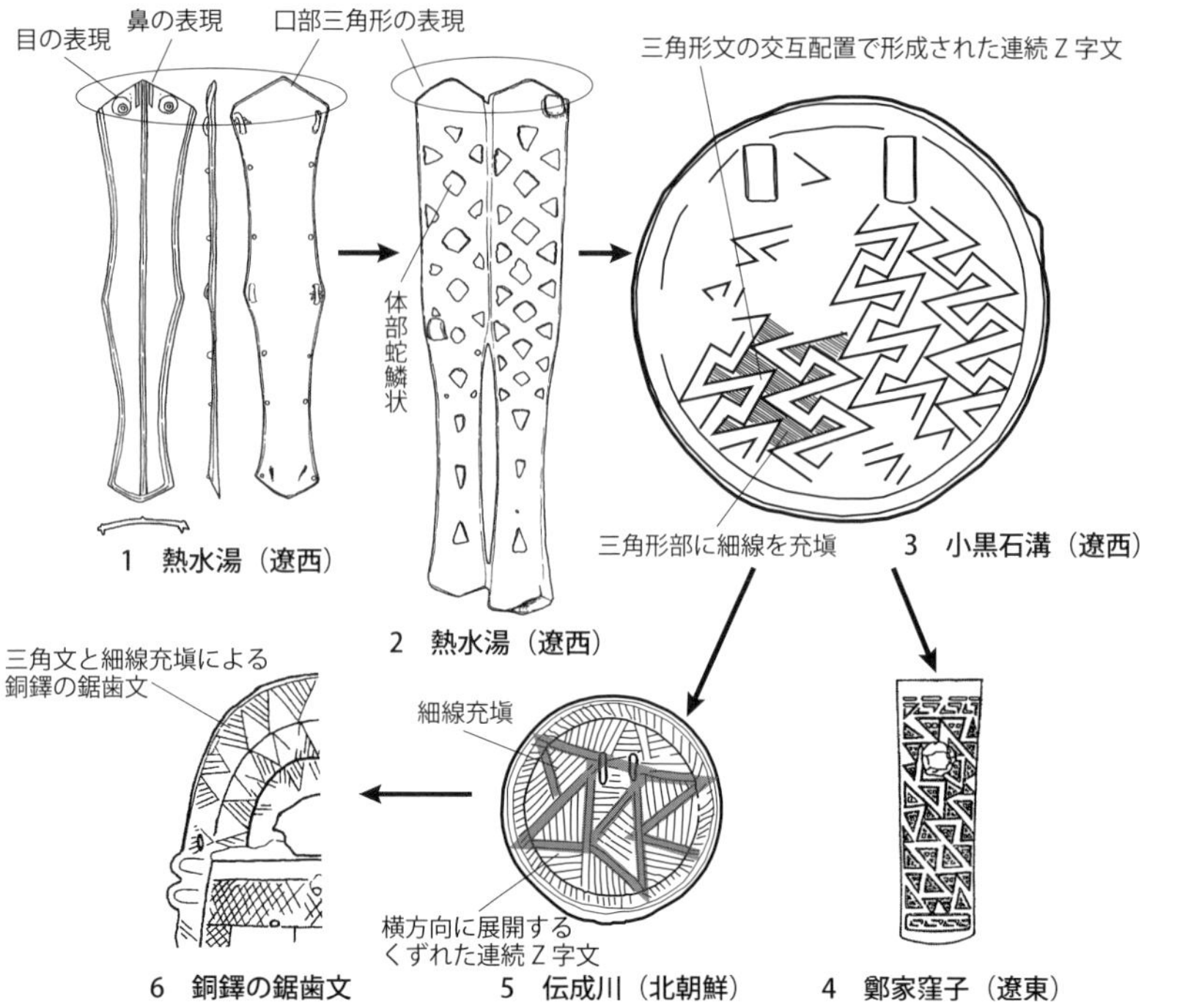

図8◈蛇の具象表現から三角文、そして鋸歯文へ

はなくなり底辺を上にした三角形が下方に連続配置される（「寅」の項、図5参照）。剣鞘が元々蛇の形状を模して作られている以上、それに施された三角形透かしと菱形透かしは、蛇のウロコやマムシの頭部三角形の形状が連想されて文様の要素となったと考えられる。

この剣鞘に始まる蛇の象徴である三角形状の文様は、その後、遼寧省から内蒙古自治区南部一帯の遼寧青銅器文化圏の剣や車馬具、鏡など、さまざまな器物に施される文様の起源となった。

3◈蛇から鋸歯文へ

蛇の象徴である連鋳式剣鞘の三角形状の透かし文様は、三角形を上下・左右に交互に配置する構成をとる。この構成は、細長い鞘というスペース上の限界もあり単純な構成にとどまっていたが、鞘以外の器物に施されるようになると、次第に三角形を複雑に配置するようになる。それが最も早く発揮されたのが、小黒石溝《しょうこくせきこう》遺跡98Ｍ2出土の多鈕鏡である（**図8-3**）。この鏡の構成は、簡単にいえば、三角形を規則的に配置し、三角形で埋めた部分以外の空白部分をＺ字が斜めにつながったようなモチーフ（三角文系連続Ｚ字文）にしたものである。この構成の場合、三角形部分は主体的（ポジティブ）な文様で、三角文系連続Ｚ字文は三角形を配置した残りの副次的（ネガティブ）な文様である。

蛇が起源の連続Ｚ字文は、春秋時代以降になって剣鞘の本体が銅製から木製に置き換わってから透かし文様は消失し、連続Ｚ字文のみが鞘に取り付けられた金具に表現され、そのほか剣の柄やさまざまな装飾、さらには土器にまで施文されるようになった。いかに当地域で象徴的な文様であったかがわかる。この小黒石溝遺跡出土の多鈕鏡の文様は、その精緻さと複雑さから筆者は最古の多鈕鏡文様と考えている。

その後、次第に鏡の円面のスペース内部に三角文系連続Ｚ字文を押し込むようになり、Ｚ字文のほうが主体的な文様になり、後から三角形状の中を区分し細線を充填するようになる。その傾向は遼東の鄭家窪子《ていかわし》遺跡出土の多鈕鏡の文様ですでに観察でき（**図8-4**）、北朝鮮の伝成川出土の多鈕鏡の文様では、Ｚ字文を横に一列配し、上下の空白部に斜線をいくつか追加して、星形に三角形が配置される構成が誕生した（**図8-5**）。この鏡のように、中に細線を充填した三角形が交互にめぐる構成は「鋸歯文」と呼ばれ、伝成川出土のものがその文様の起源となった。韓半島の多鈕細文鏡は、この伝成川出土のもののようなタイプを祖型に形成されたのである。

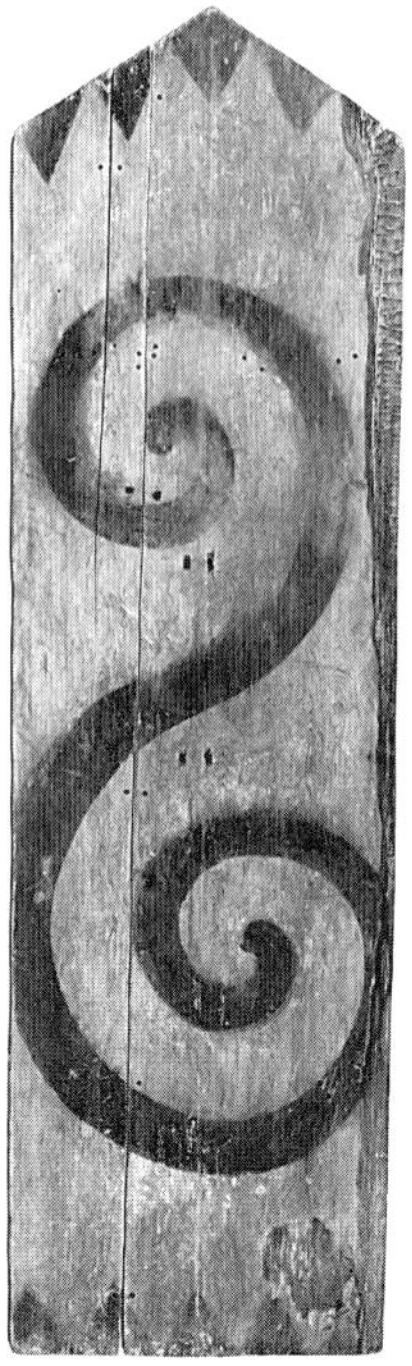

図9◎平城京出土の盾
（奈良：8世紀、奈良市）

　このように、蛇に起源する文様は、剣と剣鞘から三角文系連続Z字文に派生し、そして、これが鋸歯文へと引き継がれたのである。甲元眞之さんは、多鈕鏡をシャーマンが身に付け、太陽の光線を反射させ、その光で悪霊を惑わし追い払うという辟邪の意味をもつ鏡であることを指摘した。同時に多鈕鏡の文様自体にも毒で敵を倒すという蛇に起源する辟邪の意味が重ねられていたのである。

　その後、多鈕細文鏡は日本列島にもたらされ、鋸歯文は、銅鐸の鋸歯文の祖型となった。そして、鋸歯文の系譜は、弥生時代には木製盾に渦巻文とともに彩色されており、この系譜は古墳時代の盾、さらには平城京の隼人の盾に引き継がれた（**図9**）。なお、隼人の盾の先端部分が三角形であるのは、まさに蛇の象徴である。古墳時代には、辰巳和弘さんが指摘するように、形象埴輪において鋸歯文系の三角文をつけた家形埴輪、人物の衣装飾りなどが多数見られ、さらに祭場を囲む柵形埴輪の柵の垣根先端部分は三角形が連続する鋸歯状に表現されるなど、鋸歯文系の三角文が古墳時代祭祀体系の中で重要な役割をもったことは明らかである。

　このように見てくると、鋸歯文となってしまった段階で、すでに蛇がその起源であることなどまったく忘れ去られてしまったように思われる。しかし、断片的ではあるが、鋸歯文が蛇の象徴的な文様であることを弥生人が知っていた可能性を示す資料がある。三重県津市の六大A遺跡では、弥生時代後期の台付き壺の胴部側面に龍が、胴のもう一方側に鋸歯文の列とその両側から蛇の尻尾のようなものが突き出て垂れているのが描かれている（**図10**）。

これは、鋸歯文が蛇の象徴であり、辟邪の象徴であることを表現した可能性を示す。しかし、その一方で、同じ土器の反対側に描かれた龍の絵画を見ると、龍の脚と尾と考えられる部分のわずかに垂れ下がるような表現が鋸歯文から垂れるように突き出ているものとよく似ていることから、両者は同じ龍を表しているとも考えられる。龍と蛇は、その姿から近い関係にあり、龍の起源も蛇と無関係ではない。あるいは、弥生人は蛇をある程度龍に含めて見ていたのかもしれない。だからこそ、弥生時代の絵画の中に、蛇が描かれることがなかったと考えるがいかがであろうか。

以上のように、鋸歯文と三角形文が長いあいだ保持されつづけたのは、おそらく、蛇の象徴となった媒体は、いずれも人間の身体を飾り、または身につけ、護るものばかりである。すなわち、最も身体と関わりの近い存在であることが長く身近にあった理由であろう。

4◎蛇意匠の継承と伝来

遼寧青銅器文化圏では、車馬具にも蛇のモチーフが多用されている（**図11**）。春成秀爾さんは、遼寧青銅器文化圏の蛇

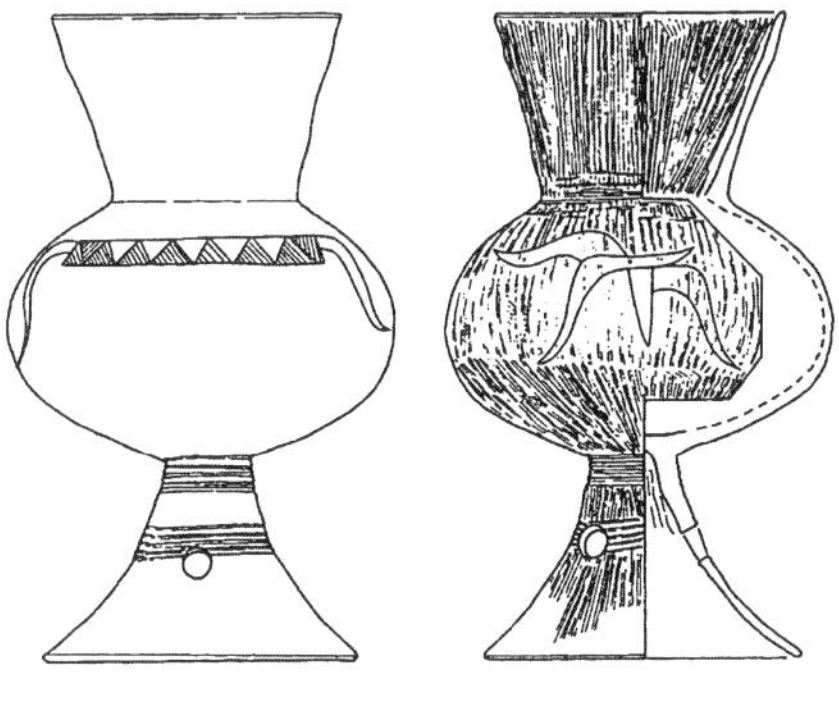

図10◎鋸歯文と蛇の絵画土器
（弥生後期：2世紀、三重県津市六大A遺跡）

を表現した車馬具が、韓半島の防牌形銅器と呼ばれる異形青銅器の起源であることを明らかにした（**図12**）。この変化は、まず遼西の十二台営子《じゅうにだいえいし》遺跡出土の馬の頭部の飾りである馬面（1）を逆さにしたものが、韓半島に伝わり槐亭洞《かいていどう》遺跡出土の異形銅牌（3）へと変化し、（4）・（5）へと順次変化したという。確かに、槐亭洞遺跡出土の異形銅牌（3）の縁の飾り文様は、十二台営子遺跡出土の馬面（1）の蛇の体表の文様表現と非常に類似する。

おそらく、全体の流れは春成さんの指摘どおりだろう。ただし、槐亭洞遺跡出土の異形銅牌（3）の紐をかける上部の孔列を、十二台営子遺跡出土の馬面（1）の人面の周囲の孔に求めるが、この間の飛躍は大きい。むしろ、遼東の鄭家窪子遺跡出土の異形銅牌（2）のやや上部に孔列をもつ突出部を有するタイプのほうが祖型としてふさわしく、全体の形も槐亭洞遺跡のもの（3）に近い。おそらく、遼東あたりに韓半島とのあいだをつなぐ未知の資料が存在する可能性が高い。

このように、蛇の表現は、韓半島には正確には伝播せず、かなり変容している（図12－3～5）。しかし、この種の異形青銅器は、多鈕鏡と同じようにシャーマンが身に付けて儀礼に用いた可能性が高く、蛇の辟邪としての意味は保持されていたであろう。中国北方地域には、蛇を採用した器物が相当数存在していたが、そのままの形では韓半島や日本列島には伝播することはなかった。しかし、それでも蛇の信仰と象徴的意味は伝わったようであり、先に見た鋸歯文のような抽象化された文様に、古

図11◎車馬具に表現された蛇
（戦国、オルドス周辺）

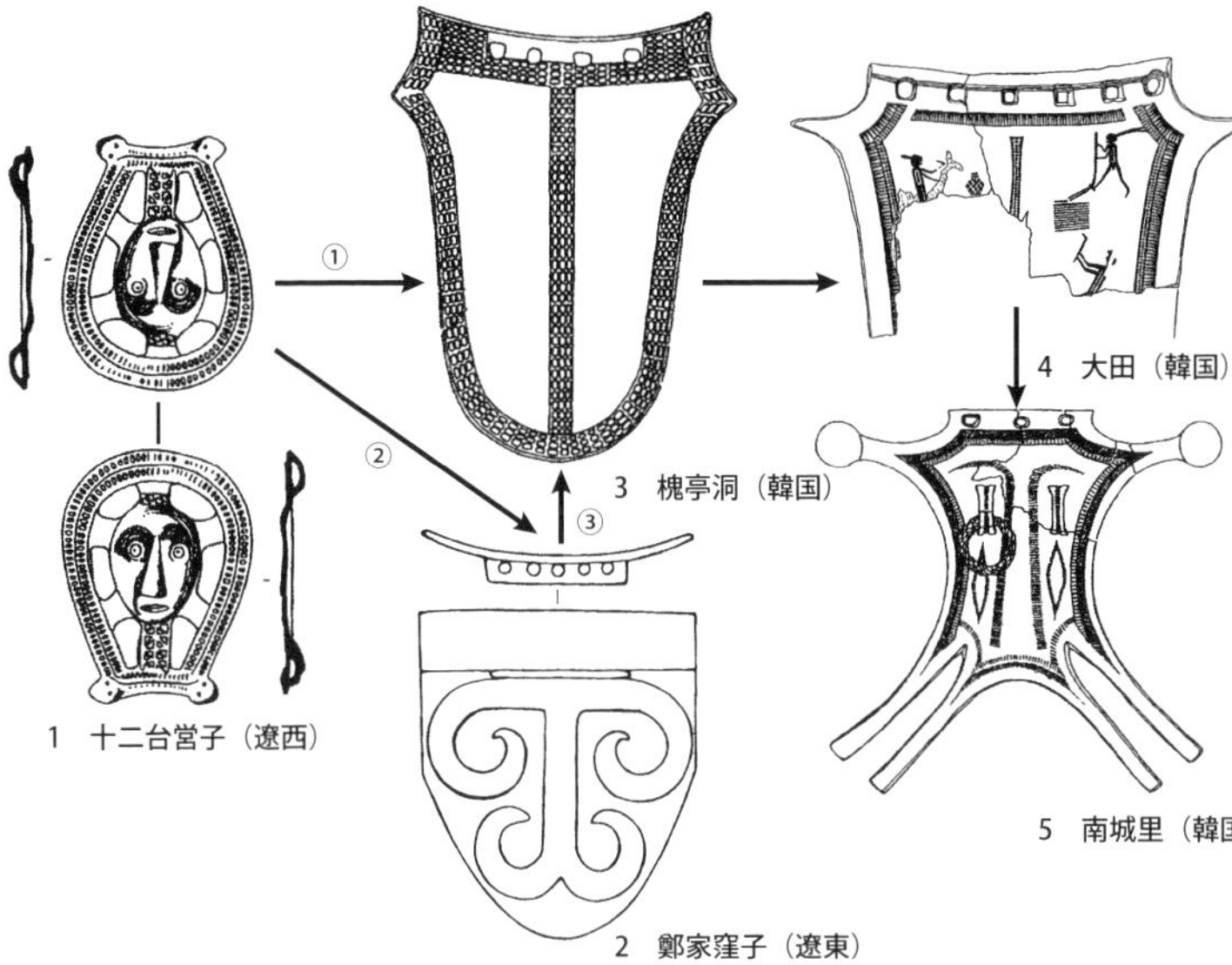

図12◈蛇形馬面から防牌形銅器へ

来の意味が保持され継承されたと考えたい。

弥生時代の日本列島には、蛇そのものの意匠は大陸から伝播せず、抽象化された鋸歯文などの文様が伝播し、さまざまな器物に採用されつつ古代以降に継続した。

弥生時代の蛇の意匠は、有名な神戸市桜ヶ丘五号銅鐸の棒を持つ人物と一緒に描かれた蛇の絵画ぐらいであろう。古墳時代にいたっても、蟠螭《ばんち》文のような蛇とはっきり認識できない図像が銅鏡に描かれるが、蛇の具象的な意匠はほとんどない。

こうしたなか、唯一、大陸から伝わった弥生時代の蛇意匠は、博多湾に浮かぶ志賀島で江戸時代に発見されたという金印である（**図13**）。印面には、漢の隷書で「漢委奴国王」と刻まれている。金印は漢の列侯に準じた位置づけで、それが奴国の王に与えられたのは、王の称号とともに異例なことである。鈕の形は蛇（蛇鈕《だちゅう》）であり、これは異民族に対して、

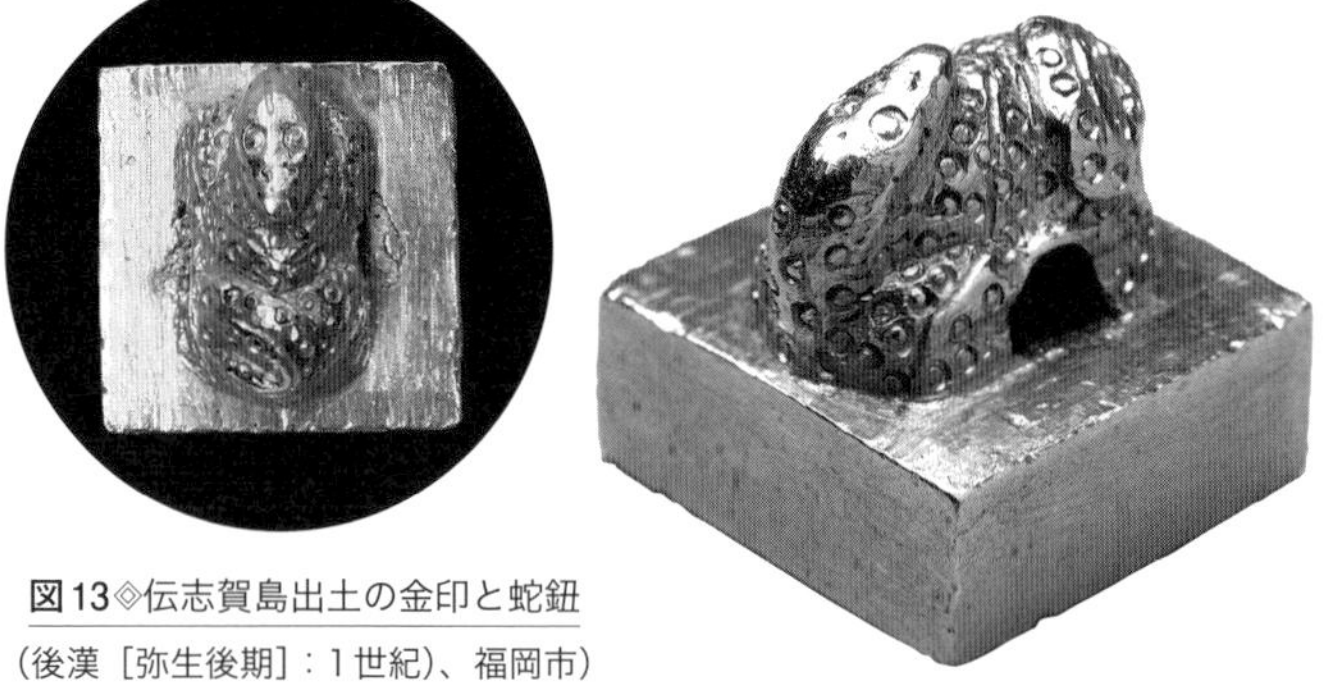

図13◈伝志賀島出土の金印と蛇鈕
（後漢［弥生後期］：1世紀）、福岡市）

その民族を象徴する動物をモチーフにしたと考えられている。近年の詳細な観察で、元々はラクダの鈕であったものを、蛇のように再加工したことが判明しており、倭国に合わせて蛇が選ばれた可能性は高い。

蛇鈕は、上下左右に短く体をくねらせ、とぐろを巻いているように表現され、体表には、魚々子《ななこ》文という小さい円形の陰刻が充填されている。頭部や体表面の表現から、マムシをモデルにした可能性は低く、魚々子文自体は「廣陵王璽《こうりょうおうじ》」金印の亀鈕の場合と同じで、蛇の特徴を忠実に表現していない。おそらく、漢代の玉などに見られる龍の体表面の表現に似せたものであろう。

この金印に関しては、本当に弥生時代のものかどうかという論争が続いている。最近、石川日出志さんは、蛇鈕印の鈕形による分類・編年とともに、彫り込まれた字体が後漢代前半のものであること、金属組成も後漢代の出土例と合致することなどから、江戸時代にそれを矛盾なく製作することはほぼ困難であるとしている。金印の真贋論争は、考古学的な検討から見た場合、本物である可能性が高まっている。

【小林青樹】

午

ウマ

日本人がウマとつきあいだしたのは古墳時代からだといわれている。そのときから今に至るまで、ウマは日本人の営む生活や娯楽のうえで欠かすことのできないパートナーとなっている。

たとえば、古代では乗用や運搬のために重用されたし、中世から近世に至っては軍用として大切に飼育され、管理が徹底していた。そして、今は競馬として娯楽の対象に、またはスポーツとしての乗馬が人気を博している。

では、昔からどんなつきあい方をしていたのであろうか。日本人とウマとの間で培われた歴史を考古遺物や文献史料をもとに考えてみたい。

1◎ウマと文明社会──戦車の始まりはウマだった──

ウマが家畜化されていたと考えられるもっとも古い例は、紀元前四三〇〇年頃のウクライナの遺跡より出土した骨から見いだすことができ、同じ遺跡の紀元前三七〇〇年頃の馬骨の出土例は確実にウマが家畜として飼われていたものとされている。

紀元前二〇〇〇年紀前半の古代オリエントでは、戦車をひく動物としてウマが登場する。そして、紀元前二五〇〇年頃のシュメール文化の遺跡からは四頭立ての戦車が出土している。槍と盾をもった戦士が台車に乗り、それをウマにひかせたスタイルである。このような戦車の技術はメソポタミア以北のインド・ヨーロッパ語圏の人々のもとに導入される。そしてギリシャでも紀元前一五〇〇年頃に戦車が登場する。

この戦車は東は中国にまでおよび、紀元前二〇〇〇年紀後半の殷墟《いんきょ》からは二輪戦車と多くの殉葬されたウマが出土している。ただし、この戦車は方向転換が容易ではないといった難点があり、戦闘は次第にウマにまたがって戦う方法へと変わっていった。

2◎古代日本人とウマ

日本でウマが飼育された最古の例は、今のところ四世紀後半とされている。その頃のウマの骨格を見ると、歯の幅が狭いのが特徴らしい。この特徴は中国の古代馬と共通しており、このことはモウコウマ系統が日本に持ち込まれたことを意味する。体高は一〇〇〜一二五センチが主体で、現代のサラブレッドが約一五〇センチなのにくらべると非常に小型で、ポニーをイメージしてもいいだろう。戦国時代になっても体高は一三〇センチ程度であったらしい。よく戦国時代を描いたドラマや映画などで競走馬のようなウマが高速で疾走するシーンをよく見るが、実際はそれほど速くもなかったようである。それでも、徒歩にくらべると小回りが効き、頭上から敵を見下ろす騎馬が戦闘の際にもある程度優位であると考えられるため、ウマは大切に扱われたに違いない。ちなみに乗馬の技術や馬具は、五世紀頃に朝鮮半島から九州北部を経て、日本各地に広まったと考えられている。

古墳時代ではあるが、その頃の日本人とウマとの密接な関係を示す発掘例がある。千葉県佐倉市にある六世紀前半の大作《おおさく》三一号墳の周濠に接するように掘られた土坑から、衔《くつわ》と鞍を着けたまま首を切断されたウマが出土している。また、大阪府四條畷市の清滝《きよたき》古墳群の二号墳、六世紀初めの円墳であるが、その周濠内にウマの頭部が埋葬されていた。同じく大阪府四條畷市の更良《さら》岡山《おかやま》古墳群の一号墳、これも六世紀初めの円墳であるが、この古墳の周濠に接する土坑から馬歯が須恵器甕ととも

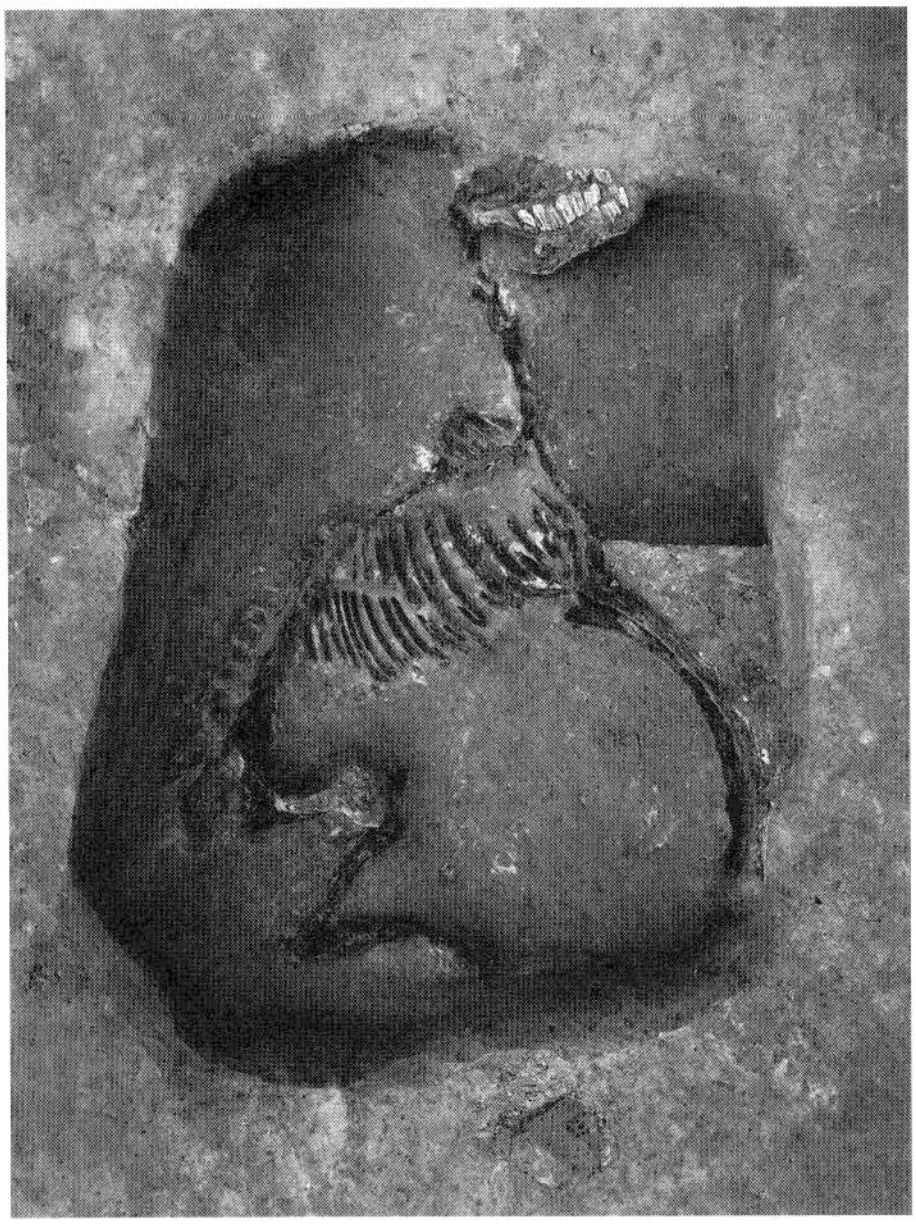

図1◈蔀屋北遺跡で見つかった埋葬されたウマの全身骨格
（古墳中期：5世紀、大阪府四條畷市蔀屋北遺跡）

に出土している。

このように古墳の近辺よりウマの埋葬施設が発見される例が増えている。もしかするとウマの飼い主が亡くなったあと、後を追う形で殉葬されたのではないか。ちなみに、『日本書紀』に記す大化の薄葬令には、亡き人のためにウマを殉殺するなという禁止令が出ているほどで、当時の流行なのかもしれない。

律令による法制化が進む飛鳥京・藤原京時代以降になると、駅馬や伝馬といった公的通信手段としてウマの利用が制度化されるようになり、ウマの重要性がさらに高くなる。奈良時代にいたっては太政官のもとに左右馬寮という役所が設置され、朝廷によるウマの管理が徹底される。そして東日本を中心とした牧《まき》でウマを育成、貢納させるようになった。古代末期になると、この牧で直接経営にあたり住民を統率した人々が次第に武力や政治力を身に着けて武士となり、貴族社会を脅かすまでになっていったのである。

このように古代において乗用としてのウマ利用は文献史料などからわかっていたが、運搬用つまり駄馬としての具体的な利用はよくわかっていなかった。しかし、藤原宮跡で宮殿造営の際に使われた七世紀後半の運河跡よりウマの脚の骨が出土したことで、古代の駄馬利用の一端を垣間見ることができた。それは左うしろ脚のかかと部分なのであるが、関節炎で二つの骨が癒着してしまい、こぶ状に肥大化していた。このような炎症は過度な運動による負担が最大の原因で、おそらく重い資材などを運んだためと考えられている。

ウマを操るうえで必要不可欠な馬具の歴史もたどってみよう。馬具とはウマに装着する器具のことであるが、人を乗せる騎馬、車をひく輓馬、荷物を背負う駄馬、農地を耕すための耕馬、それぞれに装具の違いがある。ただし、国内では駄馬や耕馬の装具についての古い資料はなく、輓馬の装具にいたっては意外にも明治時代の馬車の登場を待つしかなかった。そのような中で騎馬に装着した器具の歴史がもっとも古く、古墳時代の馬形埴輪や副葬品にまでさかのぼる。

四世紀後葉の古墳の副葬品に馬具が出現する。埋納されてから一五〇〇年以上たち、その間に有機質が腐朽してしまったのであろう、金銅製や鉄製の鏡板付轡《くつわ》・鞍《くら》・鐙《あぶみ》が多く出土している。特に有名なのは奈良県藤ノ木《ふじのき》古墳出土の馬具類であろう（**図2**）。六世紀後半に築造された古墳であるが、その豪華さはまさに被葬者の偉大さを物語るもので、あまりにも装飾がすばらしい。本当にウマに装着して闊歩できたのであろうか。

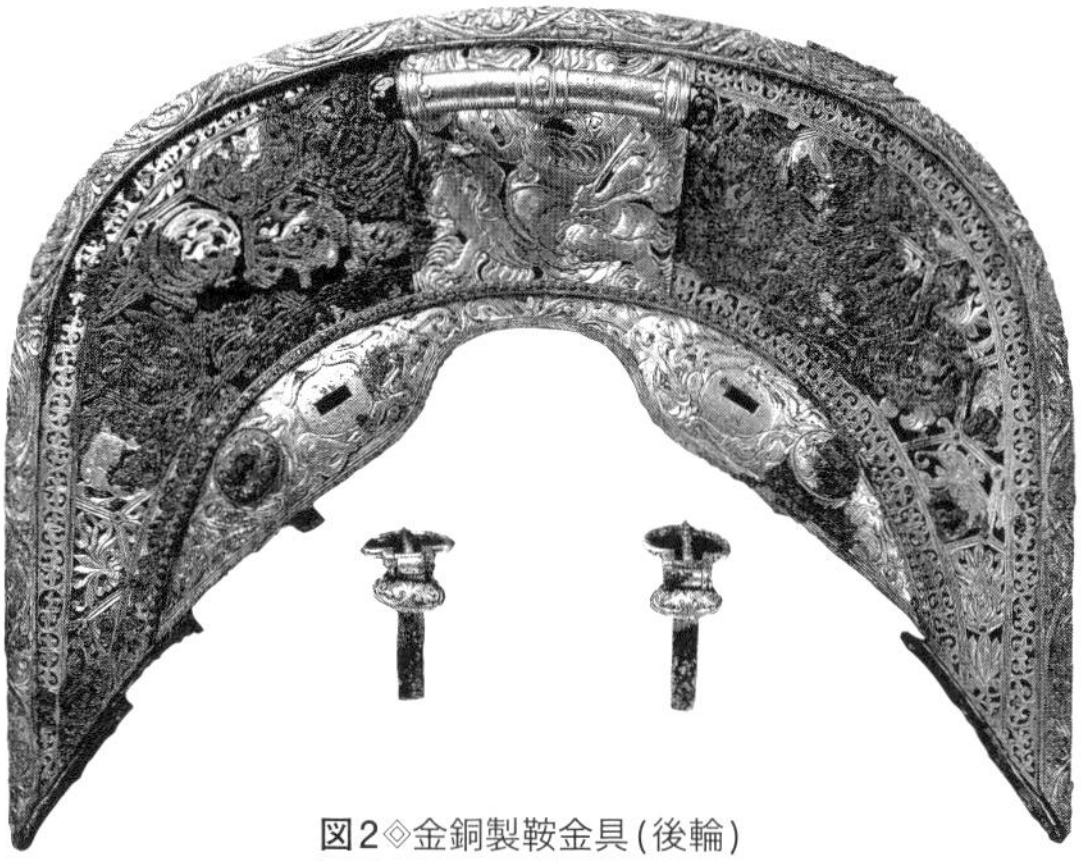

図2◎金銅製鞍金具（後輪）
（古墳後期：6世紀後半、奈良県斑鳩町藤ノ木古墳）

そのような馬具の装着方法を知るうえで埴輪を忘れてはならない。古墳の周囲などに整然と並べられた埴輪には、円筒埴輪と人物や動物もしくは建造物などをかたどった形象埴輪があり、形象埴輪のなかに馬形埴輪がある（**口絵⑧**）。

四世紀末から五世紀初め頃に畿内で作りはじめられたらしく、関東地方の後期古墳から多く出土している。頭部は鬣《たてがみ》を高く刈りととのえ、面繋《おもがい》に辻金具、胸繋《むながい》には杏葉や馬鈴など、尻繋《しりがい》には雲珠《うず》、背には鞍褥《くらしき》を敷き、障泥《あおり》のうえに鐙を置く形の飾り馬が多い。デフォルメされている箇所があるかもしれないが、古墳時代の豪華な馬装をほぼ忠実に表現しているものとして重要である。

　実用品としての馬具も多く出土している。たとえば古墳時代の木製の鐙は現在までに二〇点以上出土している。なお、国内最古で、現存する鐙で世界最古になるかもしれないものに、邪馬台国女王卑弥呼の墓ともいわれている奈良県桜井市の箸墓《はしはか》古墳の周濠跡から出土した木製輪鐙《わあぶみ》がある。それは古墳時代前期（三世紀末〜四世紀初め）の輪鐙ではないかと考えられており、もし本当に鐙ならば日本国内での乗馬の始まりが一〇〇年もさかのぼる発見といわれている。

　滋賀県東近江市の蛭子田《えびすだ》遺跡という古墳時代後期（五世紀後半〜六世紀前半）の集落跡そばの川底からは木製壺鐙が出土した（**図3**）。それは針葉樹の丸太を削り出して曲面に仕上げ、重心がやや左に

図3◎蛭子田遺跡から見つかった「鐙」
（古墳後期：5世紀後半-6世紀前半、
滋賀県東近江市蛭子田遺跡）

図4◎馬鞍（正倉院宝物）
（奈良：8世紀）

図5◈『蒙古襲来絵詞』（部分）
（鎌倉：13世紀）

図6◈『平治物語絵巻』（部分）
（鎌倉：13世紀）

偏ることから右足用ではないかと考えられている。乗馬技術が大陸から伝来したもっとも初期に国内で製作されたもので、馬具の国産化の過程を知るうえで貴重な資料として注目されている。

　奈良時代の馬具については、正倉院宝物にその実態がうかがえる。宝庫には馬鞍が一〇点伝来しており、二〇〇三年に開催された第五五回正倉院展にもそのひとつが出陳されている。それは素木（前輪と後輪にはクワ、居木にはカシが用いられている）のまま装飾を施さない簡素な鞍、鉄製黒漆塗の壺鐙《つぼあぶみ》（鐙の形態は蛭子田遺跡のそれに類似する）、表面に一対の花喰鳥と唐草文、裏面に唐花文を白く染め抜いた鞍褥である。実用的な逸品で、当時の馬具の形態を知るうえで貴重な例である（**図4**）。

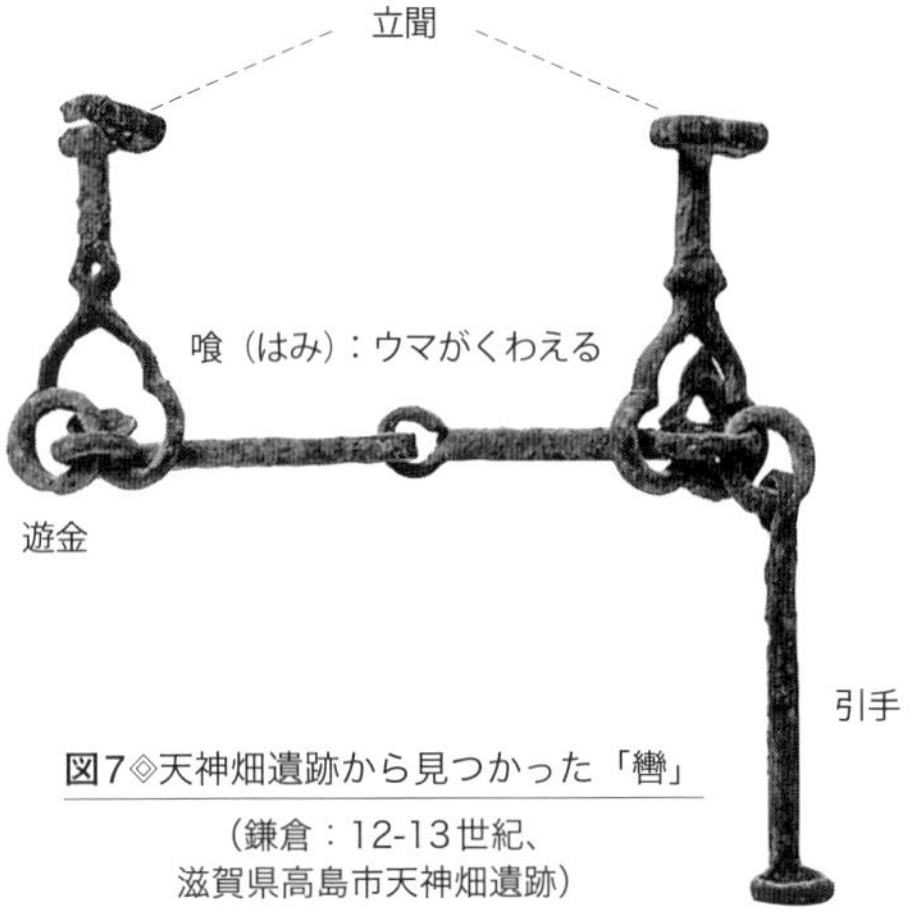

図7◎天神畑遺跡から見つかった「轡」
（鎌倉：12-13世紀、
滋賀県高島市天神畑遺跡）

　中世の馬具は、『蒙古襲来絵詞』や『平治物語絵巻』といった絵巻物に描かれた騎馬武者に見てとれるが（**図5・6**）、近年、実際に使用されていたと考えられる鎌倉時代の轡が出土している（**図7**）。それは滋賀県高島市の天神畑《てんじんばた》遺跡の川跡から見つかった一二〜一三世紀の鉄製の轡だ。全国初出土だそうで、ウマの頭の面繋につながる立聞《たちぎき》、手綱につながる引手《ひきて》、遊金《あそびがね》がセットになっており、絵巻物に描かれた轡の形態と酷似する。この遺跡の約一〇〇メートル南には、源頼朝が社領を寄進したといわれている志呂志《しろし》神社があり、周辺からは馬骨も出土していることから、この轡は、有力武将が神社に奉納後、何らかの理由で川に落ちたか、雨乞いの捧げものとしてウマもろとも川に投げ込まれたものではないかと推測されている。いずれにしてもこの時期の轡の発見は、馬具研究の空白期を埋める重要なものとして話題を呼んでいる。

また、古来より神宝として神社に鞍を奉納する習わしがある。それは神の乗り物とされた馬のためのものであったが、中世以降になると、武将たちが戦勝祈願や戦勝祝として競って鞍を奉納するようになった。たとえば東京の永青文庫に残る一二世紀の柏木兎《かしわにみみずく》螺鈿鞍はそのような奉納品のひとつであったに違いない。それは鎌倉時代の軍陣鞍のスタイルをとり、黒漆塗りに螺鈿で柏と木兎《みみずく》を施され優雅さにあふれている。なお、『平家物語』には、源頼朝の初陣の鞍がこれと同意匠・同技法のものであったと書かれており、馬具に対する装飾へのこだわりは権力をにぎる者にとってのステイタスへと変わっていったことがわかる。

3◎ウマと信仰—絵馬に至るまで—

『続日本紀』には、雨乞いのために神社にウマを奉納した記事が散見する。今でも神馬と称してウマを飼育している神社がある。しかし、庶民までもが生きたウマを行事に使ったかというとそうではない。ウマは生活を営むうえで貴重な動力であり、今でいえば乗用車かトラックほどの必需品であったに違いない。生きたウマが使えないとなれば代用品が必要になってくる。それが今でいう「絵馬」へとつながっていくことになる。

まず、ミニチュアの馬形土製品が作られる（**図8**）。考古学では「土馬《どば》」と呼ばれているが、それは七世紀に出現し、一〇世紀初頭には姿を消してしまう。その原型といえるものが古墳時代の遺物に

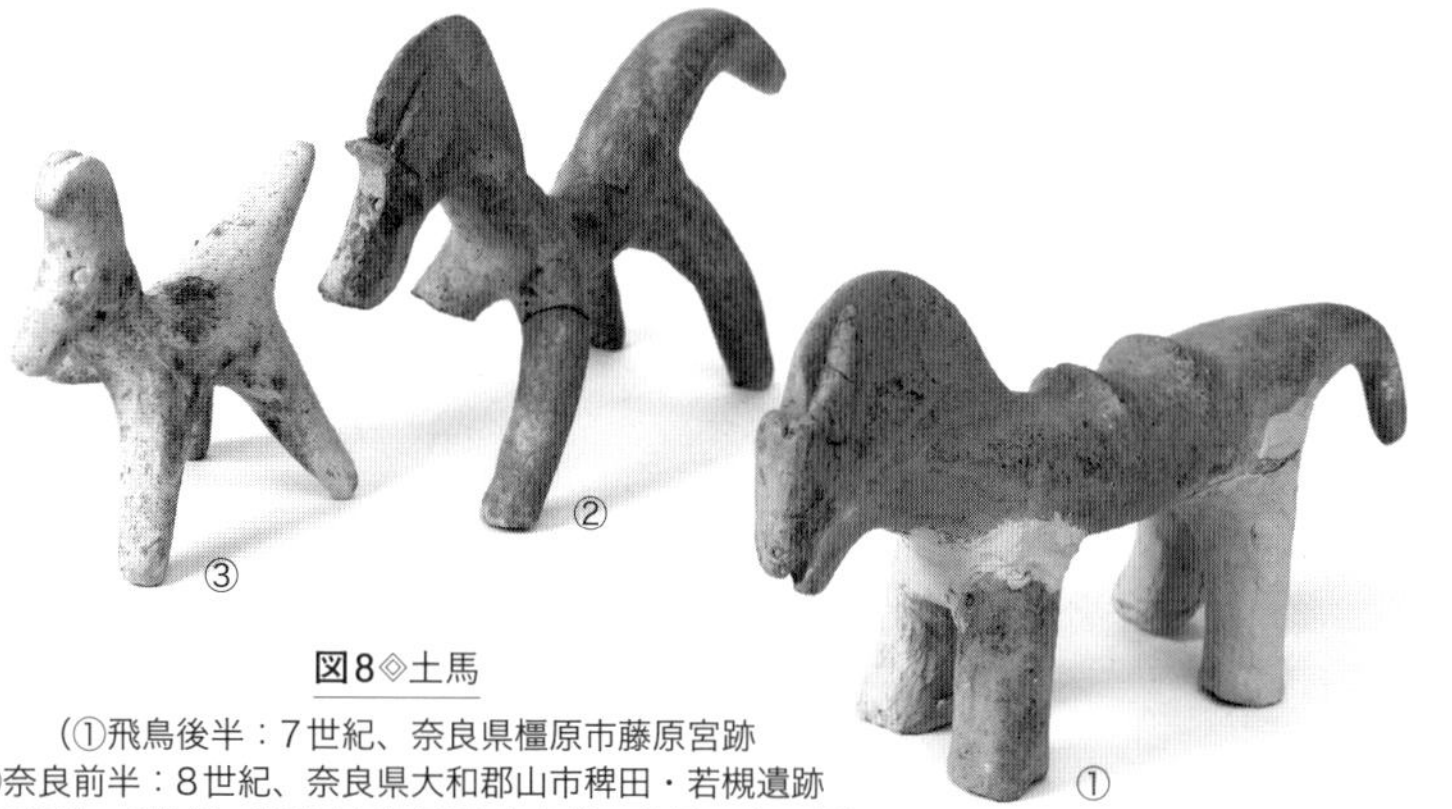

図8◈土馬

（①飛鳥後半：7世紀、奈良県橿原市藤原宮跡
②奈良前半：8世紀、奈良県大和郡山市稗田・若槻遺跡
③奈良後半：8世紀、奈良市平城京左京九条一坊五・十二坪）

確認できる。鞍などの馬具を装飾してドッシリと重量感あふれるものが多い。馬形埴輪とどう違うのかと疑問に思うかもしれないが、埴輪はあくまでも古墳の周囲に並べて古墳という聖なる空間と俗界との結界を示すものか、あるいは被葬者の威厳を示すものである。それに対して土馬はほとんどが祭祀関連遺跡から出土することから、祭りに使われたものと考えられる。基本的な使用方法が違うのである。

八世紀になると顔の側面が三日月形をし、目は管のようなものを刺して凹ませた、都城型といわれているタイプの土馬が多くなる。大きさは出土地によって異なるものの、高さ約一〇～二〇センチ、長さ一五～二〇センチとおおむね一定である。この時期の土馬は大量生産されていたのかもしれない。出土地は溝跡、自然河川跡、谷地形といった場所が多く、土馬単一での出土というよりは、斎串《いぐし》などの祭祀具や人面墨書土器をともなっている場合が多く、祭祀の実態を考察するうえで興味深い。

このような遺跡での土馬の多くは脚・頭・尾が故意に壊されている。その理由として水野正好は、馬は厄神の乗り物であり、わざと壊すことで厄神の動きを封じるねらいがあったと考える。もっともな説と思うが、土馬に何らかの願いを込めてはみるものの、馬は疾走する生き物で、土馬とはいえ、疾走して願いが飛び散ってしまうのではないかと心配し、脚や尾を壊して身動きがとれないようにすることで、願いも封じ込めて将来的には念願もかなうという考え方もあったのかもしれないと筆者は想像するがどうであろうか。このような土馬は九世紀になるとさらに小型化し、馬かどうかわからないくらい簡素なものになってしまう。

このようにミニチュア土製品の出現と前後して、馬をかたどった木製品も登場する。いわゆる馬形木製品と呼ばれている遺物であるが、土馬以上に簡略化されたものが多い。その形態は扁平で、腹部と思われる箇所に地面につきさすためなのか細い棒がささっているか、または両側面に二対の傷をつけて棒をさして四本の脚を表現している例もある。

馬形木製品の場合も、出土地が祭祀の行われていた場所といえるか判断しかねる状況がほとんどではあるが、なかにはほぼ原位置を保った状態で出土しているものもある。それは九世紀半ばの祭祀跡と考えられている山形県酒田市の俵田《たわらだ》遺跡で、そこでは人形《ひとがた》や立てた状態の刀形木製品のまわりを囲むように馬形が並んでいた（**図9**）。刀形は魔除けで、罪や穢れを背負っ

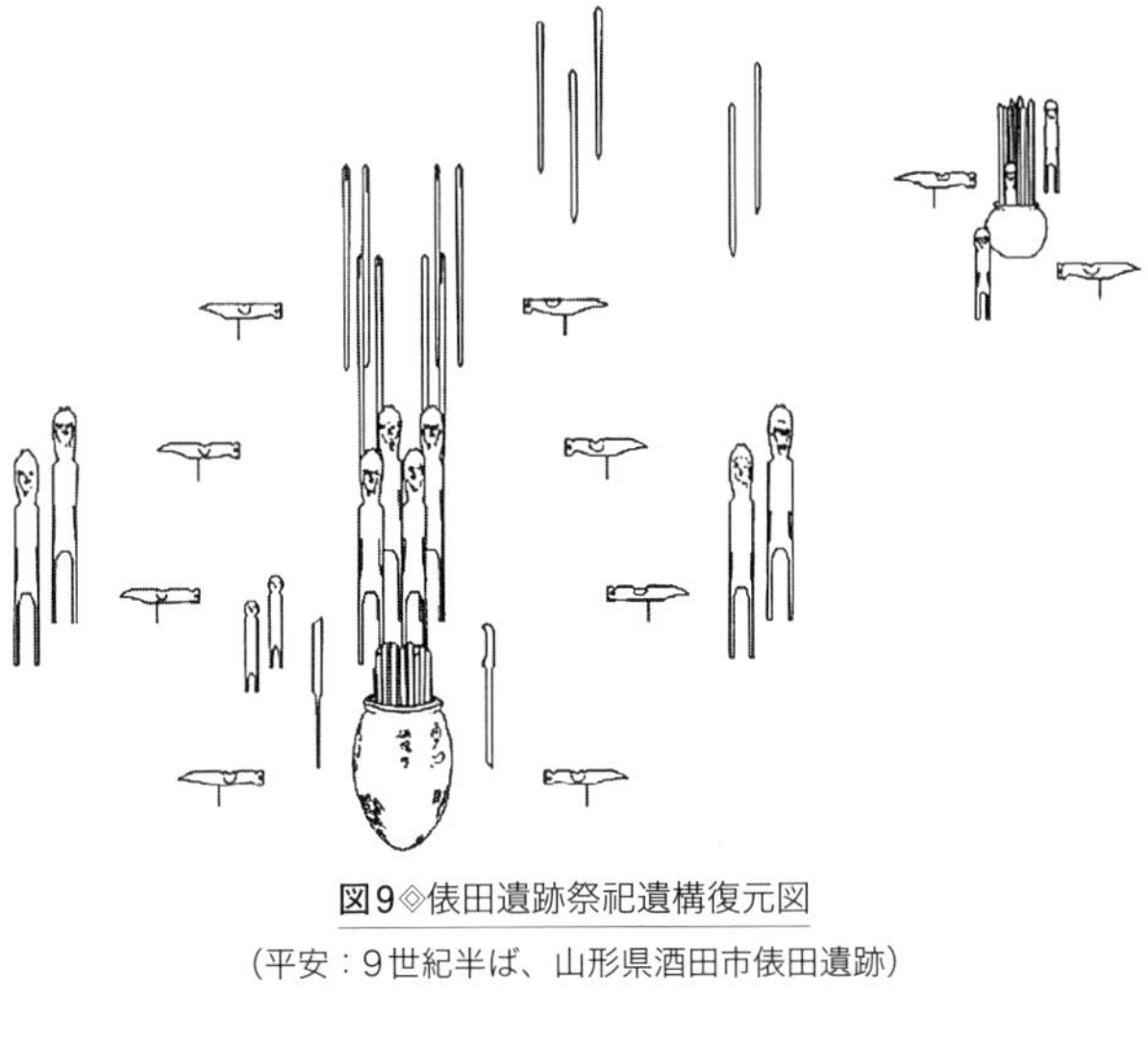

図9◈俵田遺跡祭祀遺構復元図

（平安：9世紀半ば、山形県酒田市俵田遺跡）

た人形を馬形が他界へ運ぶ場面を表現しているという説が有力である。

さて、土馬は土の採取や工作に手間がかかり、馬形木製品も細かい細工に神経をとがらせ時間がかかる。そこでもっと簡単に作れるものとして考案されたのが木を板状にして馬を描いたもの、つまり絵馬ではないか。従来、土馬から馬形木製品、そして絵馬へと変遷していったとされるが、土馬と馬形木製品とともに絵馬も出土する場合も少なくないので、出現時期は土馬がやや先行するものの、祭祀に使われる時期としてはほぼ重複するように思われる。

長久年間（一〇四〇〜一〇四四）に成立した『大日本国法華経験記』という仏教書に「有道祖神像朽故逕多年歳、雖有男形、無有女形、前有板絵馬、前足破損」とあるのが、絵馬という呼び名の早い段階と考えられている。また絵巻物にも絵馬が描かれている場合がある。たとえば、時宗の開祖として有名な一遍の生涯を描いた『一遍聖絵』（正安元年〔一二九九〕完成とされる）の巻四には、軒先にぶら下げられた二枚の絵馬が描かれている。魔除けであろうか。

また浄土真宗の覚如という親鸞の後継者の伝記である『慕帰絵詞《ぼきえことば》』（観応二年〔一三五一〕成立）の巻七には、玉津島神社を取り囲む巨木に白馬と茶毛の馬の板絵あるいは黒馬と茶毛の馬の板絵が四対吊り下げられている。神社に対する祈願であろうか。二枚一組で描かれている点が興味深い。そのほかにも近江国の日吉山王社の霊験にかんする説話を絵巻にした『山王霊験記』（一三世紀末の作品が残る）には陰陽師による神事の場面があるが、よく見てみると、幣帛《へいはく》を並べた机の下に動物の描かれた三枚の板絵が棒状のものに挟まれて地面に突き刺さっているのがわかる（**図10**）。これも魔除けを意味するものであろうか。このように中世ではすでに何かしらの願いが込められて絵馬が使われていたことがわかる。

図10◈『山王霊験記』（部分）陰陽師による神事の場面
（鎌倉：13世紀末）

馬が描かれた板状木製品、いわゆる絵馬は、古代の遺跡からも相当数出土しており、今までに全国約三〇カ所以上の遺跡より九〇点以上出土している。そのほとんどが官衙《かんが》（古代の役所）関連遺跡内の井戸跡や土坑内、もしくは官衙遺跡に近接する自然流路からの出土である。現在のところ、八世紀の遺物がもっとも古い例といえる。

いずれも長方形の板（木簡同様、スギかヒノキを材料としたものが多い）に左向きか右向きの馬が描かれている。ちなみに地方官衙関連遺跡から出土する絵馬はほとんどが左向きである。なお、平城宮跡から出土する絵馬は左向きも右向きもあり、どちらも構図が似ていることと、右向きの馬の中に明らかに雄を描いたものがあることから、向きの違いは雄雌の違いを表しているという説がある。そうなると地方出土の絵馬は雌ばかり描いたものといえるのか。この点については慎重に検討しなければならない。

描かれた馬のスタイルは裸馬もあれば、鞍や鐙を装着した飾り馬もある。この違いは絵馬を使った祭祀の軽重を意味するのであろうか。大きさも一定ではない。最小の絵馬は縦約八センチ、横約九センチ（山形県道伝《どうでん》遺跡出土絵馬）で、最大の絵馬は縦約二〇センチ、横約二七センチ（平城京出土絵馬や奈良県日笠《ひがさ》フシンダ遺跡出土絵馬）ある。

出土絵馬をよく観察してみると、全部というわけではないが、中央上部に穴が穿たれている場合がある。おそらくそこに紐などを通し、吊り下げたのであろう。穴が開いていないものは何かに挟んで地面に突き刺すか、そのまま台などに置いたものであろう。この違いは『慕帰絵詞』に見える神木にぶら下げられた絵馬の場面と『山王霊験記』に見る机の下に棒状のもので挟み地面に突き刺された絵馬の場面を彷彿とさせる。

難波宮跡の北西部を調査した際に見つかった自然谷地形の斜面より、三三点もの絵馬と四点の絵馬状木製品が出土した。ひとつの遺跡からの出土数としては最多であり、難波宮跡で行われたであろう絵馬祭祀を考察するうえで貴重な発見として注目されている。

その中で年輪年代測定法により絵馬に使われた木材の伐採年代が判明したものが三点あった。つまり七三八年＋α（天平一〇年頃）、七五九年＋α（天平宝字三年頃）、七六二年＋α（天平宝字六年頃）という年代が割り出され、この三点だけを見てみても、約二〇年もの間に断続的に絵馬を用いた祭祀が行われていたことになる。

この中の天平一〇年頃の絵馬について注目すべき事例がある。それは奈良市の日笠フシンダ遺跡から出土した絵馬とともに「天平十年」と明記された木簡が出土していることと、平城京内の長屋王邸跡から出土した絵馬についても年輪年代測定法により天平一〇年前後に製作されたものであることがわかっているのである。この天平一〇年という年代の一致は何を意味するのであろうか。『続日本紀』を見ると、天平九年に干ばつによる疫病が流行ったことが記されている。つまり、難波宮跡出土絵馬、日笠フシンダ遺跡出土絵馬、長屋王邸跡から出土した絵馬は天平九年の大干ばつに際し、祈雨のために用いられたものと判断できる（**図11・12**）。

　このように絵馬の使用方法が推測できる例はまれではあるものの、古代では生活を左右するほどのなんらかの深刻な事態に陥ったときに、絵馬を用いた祭祀が行われていたと想像できる。それは現代のような個人個人の願いをいとも簡単に託したうえで神社仏閣に奉納している絵馬とは比べものにならないほど緊迫したものであったに違いない。

富山県高岡市にある下佐野《しもさの》遺跡では、平安時代の溝から、馬具を身に着けた二頭の馬が疾走する

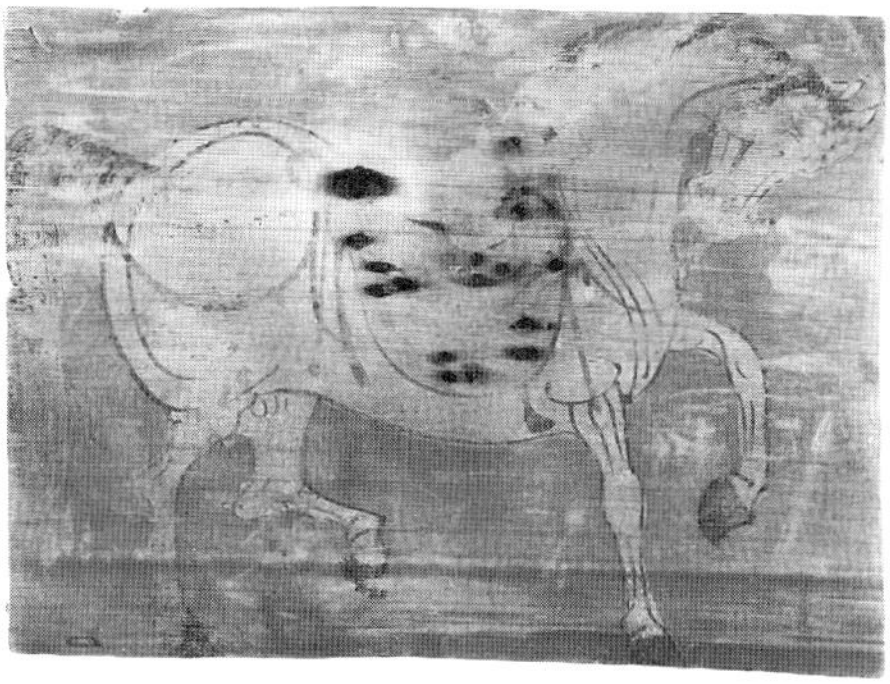

図11◈平城京跡二条大路北側溝出土絵馬
（奈良：8世紀、奈良市平城京跡）

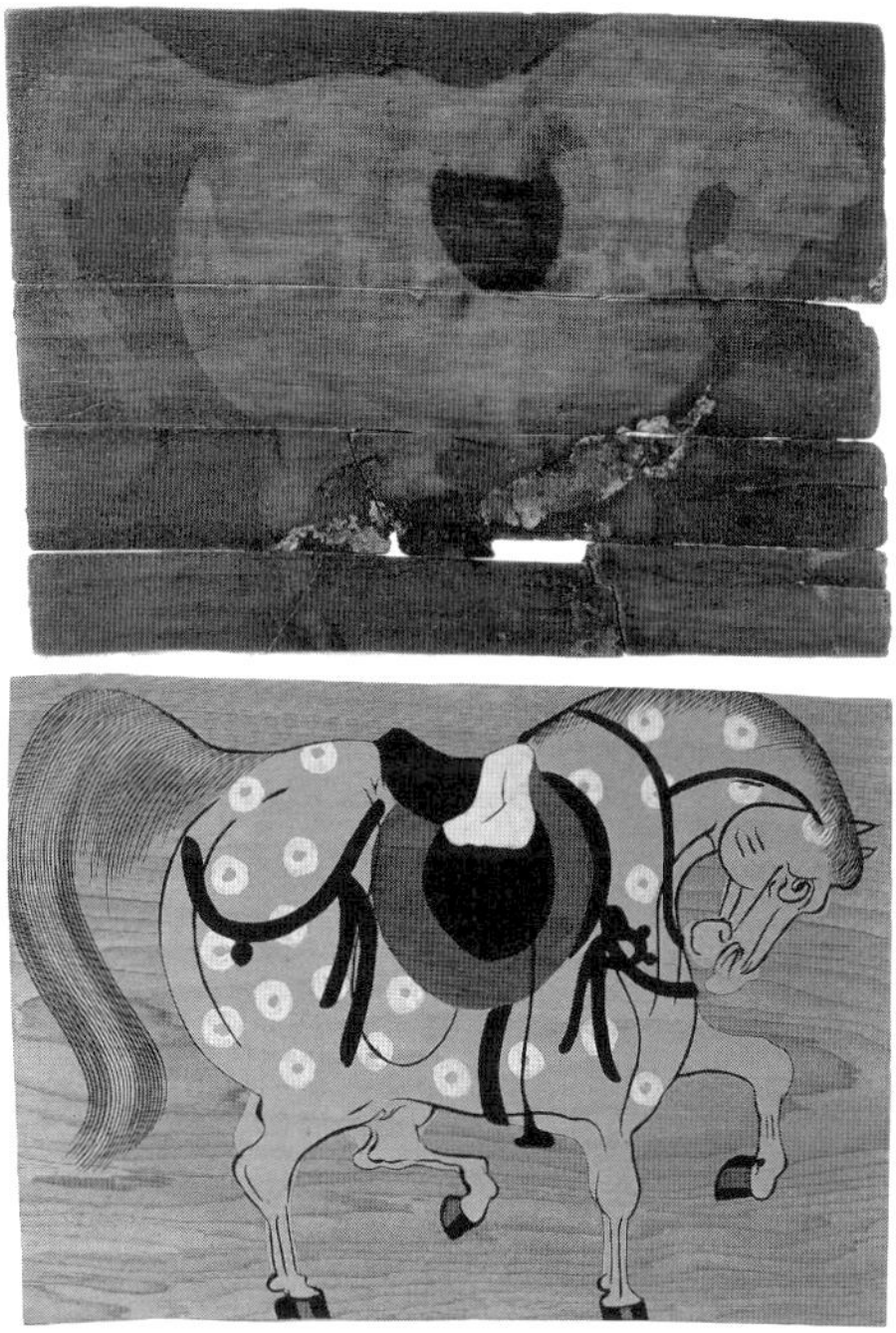

図12◈絵馬・絵馬（復原）
（奈良：8世紀、奈良市日笠フシンダ遺跡）

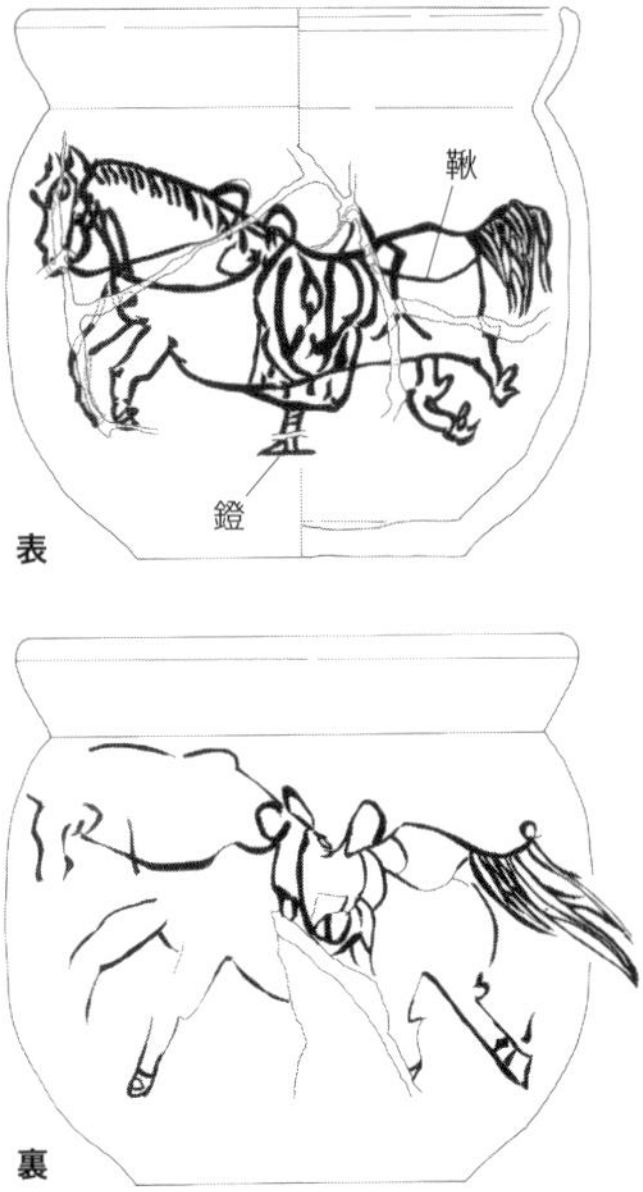

図13◎馬が描かれた墨画土器
（平安：8世紀半ば、富山県高岡市下佐野遺跡）

姿を墨画した土師器壺が見つかった（**図13**）。このような墨画土器は県内初らしく、全国的にもあまり類例を見ないという。この土器は人形木製品や馬形木製品とともに出土しており、おそらく祭祀に用いられたものであろうが、非常に写実的で平安時代の馬具を考えるうえでも貴重な発見という。

このように昔からウマはなんらかの形で人間とかかわり、それは乗馬や運搬といった実用的なこともあれば、神への捧げ物や絵馬といった信仰に一役買うこともあった。これからもウマと人間とのつながりは切れることはないであろう。

【北條朝彦】

未

ヒツジ

日本人とヒツジとの本格的なつきあいはここ一〇〇年ほどだ。一時期は一〇〇万頭も飼育していたというが、現在では二万頭ほどらしい。言うまでもないが、ヒツジは草原で草を食む動物である。同じ草食動物でもヤギは岩場に適応し、木に登り葉や実も食べてしまう。近年、離島にもちこまれたヤギが野生化し、植生を荒らして生態系に著しいダメージを与えているという。世界自然遺産に登録された小笠原諸島でも被害が深刻と聞く。破壊的なヤギとは対照的にヒツジはひたすら穏やかである。青草に白く点在する群れには、時間さえ緩やかに流れているようだ。

世界では人間とヒツジとの長い歴史がある。人々はどのように「羊」とつきあってきたのだろうか。ヒツジにならってゆっくりとふりかえることにしよう。

1◎羊の伝来

『魏書』東夷伝倭人の条、通称魏志倭人伝によると、弥生時代の終わり頃（三世紀前半）の日本には牛・馬・虎・豹・羊・鵲はいなかった、とあり、ヒツジはいなかったことになっている。ウシやウマは、その後古墳時代に日本にもたらされたが、野生のトラやヒョウ、現在では佐賀平野を中心に分布するカササギ（鵲）は、もともと日本には生息していなかったと考えてよい。この時期にはニワトリやブタといった家畜はいたので、記述と矛盾しない。魏志倭人伝にそのように記載したということは彼の地にはヒツジはいたわけで、持ち込まれる機会はあったかもしれない。

鳥取市青谷《あおや》上寺地《かみじち》遺跡で、弥生時代の琴の一部と考えられている木板に、頭に羊の角のような大きく湾曲する二重円弧を描いた動物の画（**図1**）が見つかった（紀元前二〜一世紀）。羊を描いたのだとすると、羊の到来を示すもっとも古い画である。しかし、ほっそり痩せた体や、お尻が上向きに尖って尾がピンと立っているのはヒツジにはない特徴だ。ヒツジには本来、下に垂れる長い尾があるのだが、成長につれ汚れるのを嫌って飼育下では切ってしまうのが普通である。切っていなくても身体に沿って垂れた尾は羊毛に埋もれて見えにくい。この画の体つきや尾はむしろヤギの特徴に合っている。この画の動物がヒツジかヤギの可能性はあるといえるだろう。

時代が下って、八世紀初めに成立した『日本書紀』によると、五九九（推古七）年、百済（今の韓国南西部）から「驢馬・羊・駱駝」を献上された、とある。この場合は生きたヒツジである。ラクダは西域の動物で、当時にすればたいへん貴重で珍しく、さまざまな器物に象形されている。たとえば、当時の中国の王から下賜される印の紐《つまみ》や、青銅鏡の背面の紋様などである。ラクダと一緒に献上されたのなら、それに匹敵しないまでも、ヒツジも珍しく価値がある動物であると判断されたということになろう。もちろん当時の日本にヒツジがいないことを知っていたからこそ、献上品にヒツジを加えたのである。

日本にやってきたヒツジは、ラクダやロバとともにまずは大切に飼育されたであろうが、そのまま家畜として普及したとは考えにくい。その後は二〇〇年以上あいて、九世紀に「白羊」（八二〇（弘仁一一）年、新羅から）、一〇世紀に「羊」（九〇三（延喜三）年、唐から）と『日本紀略』に記載がある程度で存在の希薄さが続き、さらに本格的なヒツジの飼育には、日本の近代化までなお一〇〇〇年もの時間が必要だった。しかし世界では、ヒツジははるか昔から人間とともに暮らしていた。

2◈ヒツジの家畜化

人間がヒツジを家畜化したのは、今からおよそ八五〇〇年前頃だと考えられている。野生のヒツジの生息域は西アジアの北半部で、その中でもアラビア半島北部内陸地で家畜化が進行しはじめた。

最近の研究によると、ヒツジの家畜化はムギの栽培などを行っている大型の定住集落で、ヤギやヒツジを群れごと囲い込むことから始まったのだという。

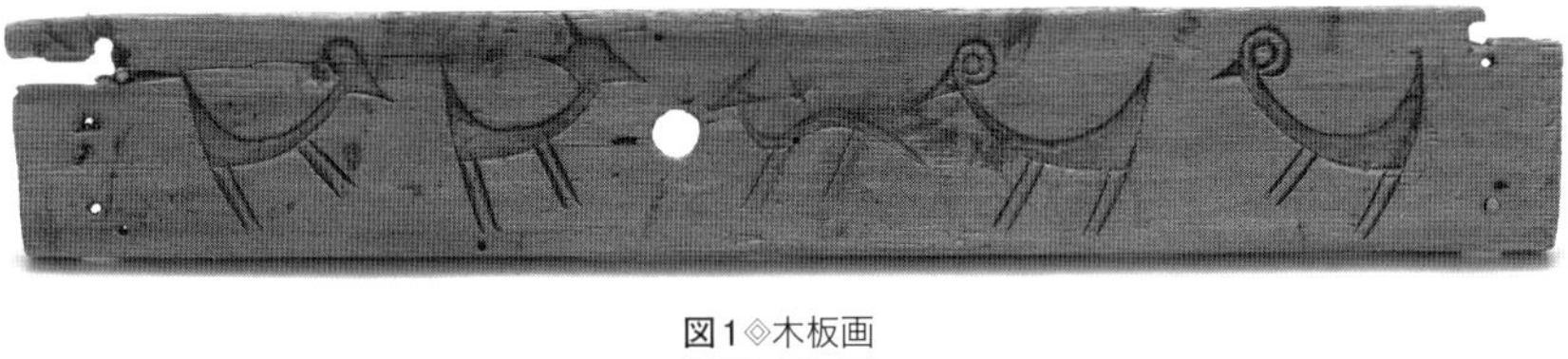

図1◈木板画
（弥生中期：前2-1世紀、鳥取市青谷上寺地遺跡）

大型集落が都市化すると周囲は農地となりヒツジはその外へと押し出され、遊牧と結びついていった。移動に適した騎馬の導入によっても遊牧化がすすんだと考えられている。

遊牧民の家畜となったヒツジはヨーロッパ・アジア・アフリカへと広がり、拡散した先で農耕民の家畜にもなった。ユーラシア大陸東部へは、中国黄河北部域で紀元前三〇〇〇年頃に到達し、紀元前一〇〇〇年紀にはユーラシア大陸東端へと到達するが、朝鮮半島および日本への波及はいつか、まだよくわかっていない。

図2◎羊形注口土器
(前1000年頃、イラン ギーラーン)

3◎湾曲する角

絵画や造形の中にヒツジを探すとき、目印になるのは角である。角は頭頂部から後ろに伸びて回転するように円く弧をえがいており、これが表してあれば、ヒツジを写したものだとわかる。「羊」という文字は曲がる角の生えたヒツジの頭をかたどったもので、角はヒツジのシンボルでもある。現在では品種改良によって角のないヒツジが多くなってきたというが、ヒツジを画像や造形に写すとき、円く曲がった角（**口絵⑨・図2**）を表現する約束になっている。二本の角、白い毛、同程度の体格で一見ヒツジに似ている印象のヤギも湾曲する角をもっている。ヒツジと見間違えるほど大きく湾曲する角をもつヤギもいるので、図像では見分けがつかないこともあるくらいである。

4◎ヒツジの飼養

ヒツジは遊牧生活をする民にとって、衣食住のすべてをまかなえる家畜だという。羊毛は衣服に、夏は乳を冬は肉を食料に、羊毛からつくるフェルトはテント幕、つまり組み立て式の住居になった。またフンは燃料となり、皮は袋にして移動時にも軽くて壊れにくい容器として使えた。ヒツジは移動可能な財産そのものだったのである。そんなヒツジの形を器物に写すことは自然なことだっただろう。器物には実物と同様な価値が宿ると考えられたからである。

ユーラシア北部に広がる草原地帯の匈奴《きょうど》やスキタイといった騎馬遊牧民族が馬具や武器に動物紋様をつけることはよく知られている。鹿・豹か虎・猪・山羊・馬・鳥などが多く、山羊ほどではないけれど、羊も遊牧民の意匠として、馬具や剣の把《つか》を飾っている。

中国漢代（紀元前二世紀～後二世紀）には墓室の石材などに画像を彫りつけたり（画像石《がぞうせき》）、陶器でつくった模型（明器《めいき》）を墓に入れるようになり、そこには遊牧民と分かれて定住者の家畜となったヒツジが画像や造形に現れるようになる。

画像石には家屋や使用人、農耕や工業、音楽といった生前の生活と同様なものが画像によって再現されている。画像石に描かれた世界は、あたかも生前世界そのもののようではあるが、現実にはない樹や、想像上の動物である龍・鳳凰、神仙などが描き込まれるなどして、死後に墓主が暮らす世界であることを示している。しかし現世と同じように、なに不自由なく生活できるように家畜も表してお

図3◈緑釉農舎
（中国漢代：前2-後2世紀）

り、羊もしばしば登場する。

画像石に似たものに画像塼《がぞうせん》がある。塼とは焼成煉瓦《れんが》のことで、画像塼は粘土が柔らかいうちにスタンプを捺したり、造形を貼りつけたりしてから焼いたものである。四川省成都から見つかった二世紀の塼には、現世さながら賑わう市場の情景が描かれている。台に載る二頭の羊や一頭の羊を載せた台車を押している男の姿が見える。羊はどれも腹這いで、市場で売買されているのだろう。

楼閣や家屋、苑池、鶏舎や豚小屋などを陶製の小型模型にした明器は、画像石と同様の意図で墓室に入れたものである。漢代の粉ひき小屋の明器（**図3**）では、天気が悪いのか家畜は小屋に入っていて、右方に羊は腹這いになっている。すぐそばには鶏もいる。左端には臼があり、奥の人物は世話や作業に疲れたのだろう、頬杖をついて座っている。

死後の世界のために用意された画像や造形

は、牧畜を行う農耕民にとっても羊が有益な家畜として定着していたことを物語っている。

5◇祥羊

漢代の墓からは、飼養場面ではない羊形遺物も見つかる。後漢代の四川省を中心とした墓から出土する「揺銭樹《ようせんじゅ》」は青銅製で、鳳凰や龍、神仙などとともに、銭貨がまるで葉のように連なって枝になり、一本の樹を構成しているもので、この樹が羊形の台座に立てられている例がある（**図4**）。この樹の頂には鳳凰がとまっていて、それぞれの枝は薄い板状で、さまざまなモチーフは透彫りを施したように繊細である。台座の羊には人がまたがり樹を抱えているが、樹はまるで羊から生えているよう

図4◇揺銭樹
（中国後漢代：1-2世紀）

にも見える。幾枚もの銭貨は富を表し、死後世界の繁栄を願うものなのだが、羊は本来財そのものであったから、この樹が羊と組み合うことでいっそうめでたい雰囲気を醸しだしている。

ところで、墓室で繁栄を願うとはどういうことだろうか。この時代の中国では死後も不自由なく生活できるように、遺族が財産をはたいて地下にいたれりつくせりの墓室を用意した。死者にはここに安住してもらい、死者も子々孫々富み栄えるよう願うことが、現世での繁栄につながると考えたのである。墓室は地下に位置していても天上の国であったという。願いが叶うよう墓室に入れる品目のひとつが揺銭樹ということになるが、揺銭樹はもちろん実存する樹ではない。天上に生える神樹なのである。

前漢代（紀元前二〜一世紀）の塼《せん》に羊の頭を立体的につくりつけたものがある。羊は墓の入り口に置かれることが多いという。羊は繁栄を祈るにふさわしい動物であるが、ここに置かれた羊は家畜そのものというより、財や価値あるものという観念が羊という形をとっていると考えた方がよい。墓室内に家畜として描かれたならば、羊は家畜の役目をおっただろう。だが、この塼の羊は羊毛や乳を期待されているわけではなく、富貴の祈りを象徴的に表すものとして造形されたのである。時代は下るけれども朝鮮王朝の王族の陵にも羊の石像が置かれている（**図5** 一六世紀 現ソウル）。王と王妃の陵墓である陵寝《りょうしん》では、塚の左右に石製虎と羊とを交互に配置する。羊がその役割を担うならば、墓と羊の組み合わせは意外でもなんでもない。

墓に入れる容器にも羊の意匠をつけることがある。羊形の容器や蓋に羊のつまみがつく器は、財や富を願う器として作られたのである。

図5◎石羊
（韓国朝鮮王朝貞顕王后〔1462-1530〕陵）

6◎祥・不祥

めでたいものという観念は「羊」という文字にも現れている。「羊」は「祥」に通じ、「美」は大きい羊、つまりよく肥えた羊であり、「よい」「うつくしい」の意になった。有用な家畜であるヒツジをかたどった文字もまためでたい意をもったのである。

中国漢代の銘文をもつ青銅鏡に「羊」を見ることがある。中平六（一八九）年銘の鏡には、「除去不羊宜孫子」とあり、この鏡が「不羊」を除去したので、子孫が繁栄すると記している。「羊」は「祥」を略したものだが、意味は同じだから、不羊（祥）とは不吉・不幸なことである。当時、安定した天候や生活、子孫繁栄は、願うだけでは得ることはできないと考えられていた。願いを阻害するマイナスのエネルギーを祓ってこそ祈りは届くものだったのである。鏡の銘文の後半にはこの鏡を所有すれば役人は出世し、商人は成功すると記してあり、この鏡が「除去不祥」の霊力をもつことがうたわれている。祥と除去不祥とはいわば車の両輪のように作用していたのである。

この鏡の紀年銘は中平六年で、当時の日本は弥生時代後期にあたる。大陸や韓半島から、たくさんの文物が流入していた頃であるが、当時日本列島にヒツジはいなかった。そもそもヒツジが日本では家畜としてなかなか定着しなかった理由のひとつは、雨の多い湿潤な日本の気候がヒツジの成育に合わなかったのだといわれている。近代以降大量に飼育できたのは、日本の気候条件に合わせてヒツジの品種改良が成功したからである。それ以前の飼育が困難であったことが、ヒツジとの希薄な関係が長く続いた一因であることは間違いない。ヒツジを目にしないからこそ、羊形文物の摂取に積極性がない状況が生まれたと考えられる。一方、羊が表されているとき、それは遠くからもたらされた珍しさや、貴重さという付加価値が意識されているといえるだろう。

7◇古代日本の羊

日本の「羊」に目を転じてみよう。『日本書紀』には六世紀末の五九九（推古七）年に「羊」到来の記述があることを紹介したが、図像としては、八世紀中頃に光明皇后の献上品を納めることに始まる正倉院宝物のひとつ「臈纈屏風《ろうけちのびょうぶ》」に羊木《ひつじき》屏風がある。扇のように畳むので屏風の一枚を扇《せん》と呼ぶが、奥に「木」を配し、大きく巻いた角、丸々した躯体、頸や胸が縮れ毛の「羊」を手前に描いた一扇である。屏風は四扇あり、ほかに象《ぞう》・鸚《お》鵡《うむ》・熊鷹《くまたか》といういずれも珍しい動物が同じ構図で描かれている。姿を染め付けた美しい調度品は生きた動物さながらに珍重されたに違いない。

羊形の考古遺物の確実な例としては、八世紀の奈良県平城京跡や三重県斎宮跡などから見つかった硯《すずり》（**図6**）がある。現在その出土数は一〇例に満たないほど少ない。この頃の硯は焼き物で、多くは円形をした円面硯《えんめんけん》だが、ごく少量羊形や鳥形といった形象硯《けいしょうけん》が存在する。羊形硯《ようけいけん》は円を描くように湾曲する二本の大きな角が特徴的で、四肢を折って座り込んだ羊の背中が硯になっている。羊の頸《くび》の後ろ、硯の海にあたる部分に墨の痕が残っている例もあり、珍しく貴重なものではあるが実際に使うこともあったようである。体部が残る平城京出土例ではヘラ描きで波状線を描いて、ヒツジの縮れた毛を表現している。顔のつくりなどは、本来は顔の側面にあるべき眼を上面に並べて配置したり、粘土を丸く盛り上げて両眼を竹管で刺突したりと形式化が進んでいて、実物のヒツジを見ながら作ったとは考えにくい。既成の羊形硯があっ

図6◎羊形硯（右）
（奈良：8世紀、三重県明和町斎宮跡）

図7◎多胡碑
（奈良：711（和銅4）年、群馬県高崎市）

て、日本に持ち込まれた後にそれが見本となってごく少数国内でも作られたのだろう。

　八世紀の初め、群馬県多胡碑《たごひ》の銘文に「羊」の文字が見える（**図7**）。多胡碑は山ノ上碑、金井沢碑とならぶ上野三碑《こうずけさんぴ》の一つで、七一一（和銅四）年の多胡郡制定のいきさつが記してある。この建郡については『続日本紀』にもその記事が載っている。楷書体で大きくはっきりと書かれた銘文の二行目には「郡成給羊」とある。「羊に給いて郡と成せ」（東野治之氏読み下し文）の「羊」は建郡申請者で、建郡後、多胡郡の長官になった人物である可能性が高いという。多胡という名が示すとおり韓半島などからの渡来人を多く住まわせた地域であり、羊なる人物も渡来人であろう。上野国分僧寺と尼寺の中間地域遺跡の井戸からは寄進者の名であろうか「羊神人宿子福麻呂《ひつじのみわひとのすくねふくまろ》」とヘラ描きされた瓦も出土している（**図8**）。この「羊」もやはり遠来のものであった。

日本に十二支としての「未」がいつ頃入ってきたかははっきりしない。韓半島の統一新羅の金庾信《きむゆしん》墓では、陵の塚の裾に十二支の動物を表した板石を立て廻していて、羊首人身の「未」が彫りつけてある（**図9**　韓国慶州七世紀）。十二支がヒツジ認知のきっかけになったとすれば、日本での視覚情報は実物よりも画像の方が早かった可能性もあるだろう。

和菓子を代表する菓子「羊羹《ようかん》」は、その名前からは見かけも味もヒツジとどんな関係があるのか想

図8◎文字瓦

（奈良：８世紀、群馬県高崎市・前橋市、上野国分僧寺・尼寺中間地域遺跡）

図9◎十二支像拓本
（韓半島 統一新羅：7世紀、韓国慶州金庾信墓）

像がつかない菓子である。一四〜一五世紀に書かれた『庭訓往来《ていきんおうらい》』では、点心（軽食）の一つに羊羹をあげている。当時の羊羹とは羊肉を用いた羹《あつもの》（汁）で、つまり肉の熱いスープだった。肉食を禁じられた僧侶が植物性の食材で代用品を作るうち料理から菓子になり、形状も変化したらしい。一八世紀後半には今のような寒天を使った練羊羹が考案されたのだという。羊羹が汁物だった頃、実際に羊肉が供されたのだろうか、ヒツジの希少性から考えて、当時の人々が羊肉の味を知る機会はほとんどなかったように思われる。狗肉《くにく》を売ることはあっても羊頭《ようとう》を掲げることはなかったのではないだろうか。

現代では羊毛や羊肉も大いに利用され、世にヒツジの画像はあふれている。実際に目にすることも難しくはない。白くふっくらとして愛らしい体形のヒツジをいっそうおっとりと見せているのはその目だ。人間の瞳（光彩）は円いが、ヒツジのそれは横に長細い。そのうえ目は顔の両脇についていて、どこを見ているのか判然としない。言いかえれば正面切って睨みあうことはできないわけで、争いや緊張とは無縁である。見た目も性格も穏やかなヒツジに現代人は癒しを感じている。今やヒツジは珍しい異国の動物ではなく、心安らぐ身近な動物になったのである。

【賀来孝代】

申

サル

戦前から縄文時代の貝塚を丹念に歩き、出土・採集した動物骨や貝を『日本縄文石器時代食料総説』にまとめあげた酒詰《さかづめ》仲《なか》男《お》は、「サルの肉は勿論食用になり、毛皮も有用である。それに最も人類に近いこの獣は、やはり一種の神らしき存在であったのであろう。関東地方では、とくに晩期の貝塚に多い」とした。縄文時代の貝塚を自らの足で調べた酒詰のこの文は、短いながらも縄文時代のサルに対する人々のかかわりあいをうまくあらわしている。

ここでは考古学的な事例にもとづいて、縄文時代を中心にサルに対する人々の取り組みや意識をさぐってみたい。

1◎サルの造形にみる縄文人のこころ

縄文時代につくられた土偶には、サルのような表情をした土偶、あるいはサル自体をかたどった土製品が知られている。そこには土偶はなぜつくられたのか、という大きな問題にせまるヒントが隠されている。

もっとも写実的にサルを表現した土製品は、青森県弘前市の十面沢《とづらさわ》遺跡のものであろう（**図1**）。これは両腕を前にあわせ、脚をかがめている姿は、どこか哀愁を感じさせるサル特有のポーズである。これが、サルをかたどったものであることは、そのほかにもいくつかの点に根拠がある。体全体にボツボツの穴があり、体毛を表現している。もっともサルの特徴をよく表現しているのが、尻だこである。裏返して尻の付近を見ると、肛門をはさんで二つ、尻だこが粘土の塊であしらわれている。短い尾も、サルの特徴を上手に表現している。

このほかにも、サルと似たような表情をもつ土偶ないし土製品は多い。口元にサルの表情をうかがわせるものはとくに東北地方にきわだっていて、関東地方にも分布が広がる。ひょっとこのような口を表現した写実的な例は数多い。これらは一見ヒトをかたどった土偶のようにみえるが、そうとはいいきれない。たとえば埼玉県さいたま市の真福寺《しんぷくじ》遺跡のものは四脚であり、そのうえ尻だこが表現されているのである。宮城県石巻市の沼津《ぬまづ》遺跡の土製品のように、尻だこをもつ四脚の体は真福寺の土製品と同じだが、人面をつけて半身半獣になってしまって、サルとヒトと四脚動物が融合したものもある（**図2**）。これは、サルとヒトが融合しやすい性格のものとして認知されていた可能性をうかが

図1◎サルの土製品

（縄文晩期：前2000年紀、青森県弘前市十面沢遺跡）

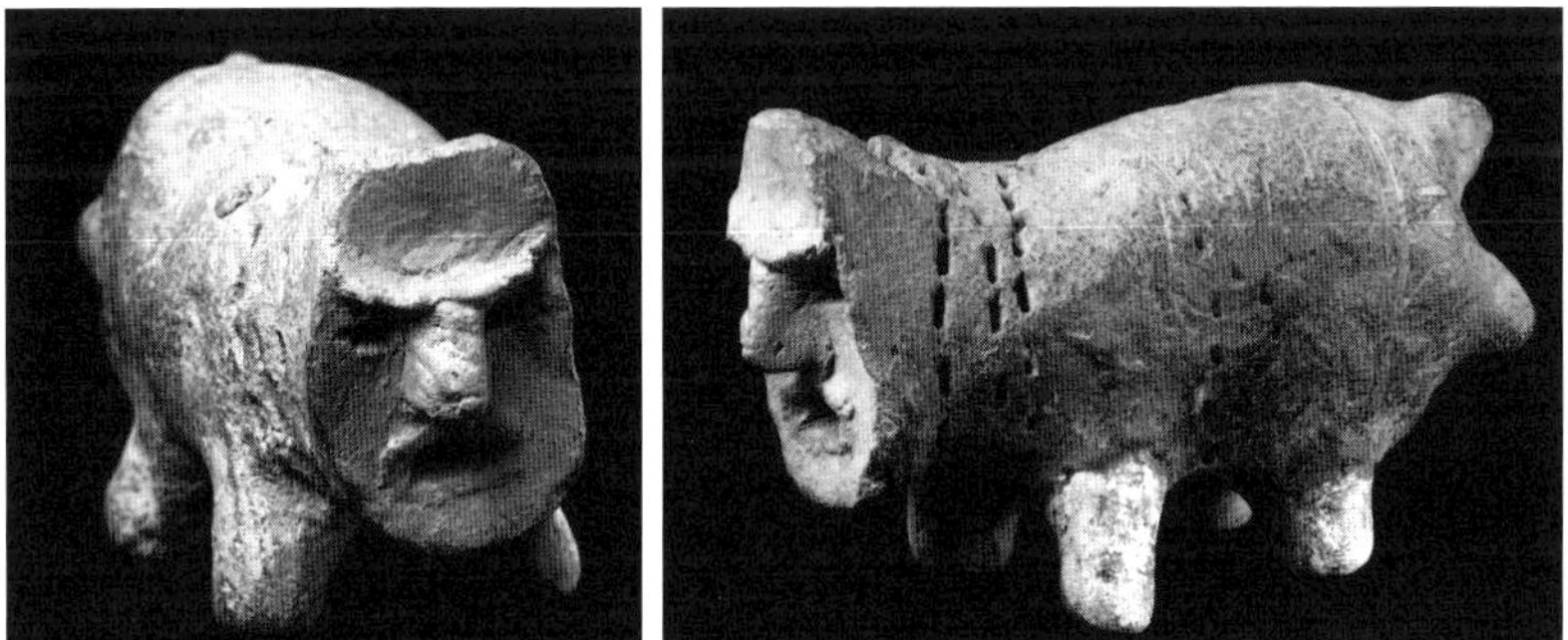

図2◎人の顔のような動物形土製品

（縄文晩期：前2000年紀、宮城県石巻市沼津遺跡）

わせる。

では、その際の、サルのもつヒトと融合しやすい性格とはなんだろうか。もちろん、生物学的に見てチンパンジーやオランウータンなどとともにヒト上科に、あるいはニホンザルとともに狭鼻猿下目に属すという見た目の近似性が挙げられる。DNAの塩基配列も〇・二％しか違わない。

それはさておき、ある土偶と共通する特徴がサルのような顔をした土偶にある。ある土偶とは、屈折土偶と呼ばれる脚を九〇度ないし胸につくくらいまで折り曲げた土偶であり（**図3**）、その姿態は出産を表現しているのではないか、という意見がある。サルのような顔をした土偶にも屈折土偶があるのである（**図4**）。

膝を折り曲げたいわゆる屈折土偶には、はちきれんばかりの下腹部から今にも子どもが出てきそうなものがある。この場合は腕を後ろに回して左右の手を重ねているが、腕を前で重ねて手を合わせて拝むような姿勢をとったり、腕を十字に組んだものもある（図3）。手を合わせたり十字に組んだものは、お産のときに妊婦が力むために握りしめる、天井から吊るした力綱を握っているポーズをかたどったのではないか、という意見を認めれば後ろに腕をまわした例も、力むための姿態表現とみてよいだろう。

後ろに腕をまわした座産土偶は、早くも縄文中期にあらわれているので、縄文人の出産のときにとられた姿勢の表現は長い間続いていたと考えられる。サル特有のひょっとこのような口元の表現が、陣痛に耐えるための呼吸法かもしれないという見方もある。同じ表現の土偶は、妊婦の土偶や出産土偶が急速に増えてくる縄文中期にさかのぼることができる。これも、中期に生まれた表現が息長く続いたことのあらわれであろう。

図3◈屈折土偶
（縄文後期：前2000年紀、青森県八戸市風張1遺跡）

図4◈猿面の座産土偶
（縄文後期：前2000年紀、青森県南部町下比良遺跡）

出産時の決まりごとやそれにかかわる呪術がこのように長い間守られていたことは、縄文人にとって出産がいかに重要な行為であったのかを物語っているようだ。

　青森県南部町の下《しも》比良《ひら》遺跡の土偶は、サルのような顔をしている（図4）。縄文後期に数多くある、ひょっとこのようなサルに近い顔である。手を背中にまわして左腕と右腕を重ねるようにして握っている。屈折土偶とサルのような顔をした土偶の親近性を示しており、サルとヒトの出産が重ねあわせられていた、あるいはサルがヒトの出産儀礼と密接にかかわっていた可能性をうかがわせる。

では、なぜサルと出産が重ねあわせられたのだろうか。ヒトと比べてニホンザルをはじめとする類人猿の分娩が、はるかにかるいという生物学の観察をひいて、サルの出産の〈安全性・迅速性〉が土偶に取り込まれた結果ではないだろうか、という意見がある。座産土偶がサルのように表現された理由を知るための大きな手掛かりといえよう。サルの顔は赤い。陣痛のときに力み、真っ赤になりひょっとこのように息を吐く妊婦の顔に、サルの顔が重ねあわせられたこともあったのではないだろうか。

安産の祈願にサルの顔をした土偶が用いられたという解釈は、大きな試練である出産によせる縄文人の心を映し出すようでたいへんおもしろく、サルの土製品やサルの表情の土偶を分析することは、土偶はなぜつくられたのか、という大きな問題を考えていくうえで有効である。安産のお守りとしての土製のサルは今でも各地の山王神社にあり、「くくり猿」などさまざまなサルのつくり物は広い分布を示す。

2◎食料と呪術に関するサルの役割

縄文時代の陸獣の骨四六六六個の内訳は、サルはシカ、イノシシ、タヌキ、ノウサギ、アナグマに次ぐ第六位で一〇三個体とされている。サルは、そこそこ狩猟されて食べられていたことがわかる。

もう少し詳しく調べてみよう。縄文時代の東北地方から九州地方まで、サルの骨が出土した八〇〇以上の遺跡を分析した結果によると、東北地方八遺跡、関東地方二八遺跡、中部地方五遺跡、近畿地方二遺跡、中国地方三遺跡、九州地方三遺跡である。圧倒的に関東地方が多いが、これは動物の骨を出土した貝塚の数が多いことにも起因する。

個々の貝塚から出土した土器に時期幅があるものが多く、時期的な傾向を特定することはむずかしいが、東北・関東地方の例は、一遺跡を除いてすべて後期か晩期、あるいは後・晩期の土器が出土している貝塚からの出土である。西日本では早期や中期に捕獲されているが、関東地方の場合はほとんどが後・晩期の資料だと推測される。ただし、神奈川県小田原市羽根尾《はねお》貝塚の最近の発掘調査によって、縄文前期の貝塚からサルの骨が三九五点も出土した。これらは雄雌が混じり、年齢層も幅が広いので、群れを狙った狩猟の可能性が考えられている。このようなサルの集団猟が縄文前期にまでさかのぼる事例はほかにもあるかもしれないが、サルの捕獲がさかんになるのは後・晩期とみてよいだろう。

関東地方の後・晩期の遺跡からは、サルの表情の土製品が出土することはあるが、サルの骨を用いた呪術的な道具は出土していないので、多くは食料として狩猟されたのであろう。

一方、愛知県域ではサルが特別視されていたことをうかがわせる事例があるのは注目すべきであろう。愛知県田原市の伊川津《いかわづ》貝塚では、一体分まとまってサルの骨が出土しており、サルを特別視していたのではないかと考えられている。さらにサルの橈骨をつかった装身具が計一〇点見つかっているのは、これを補強する。伊川津貝塚で四点、同市吉胡《よしご》貝塚で三点、同市保美《ほび》貝塚で一点であるが、伊川津貝塚と吉胡貝塚の各二点は発掘時に人骨の両耳付近から出土した耳飾りであることは明らかなので、これだけでも五人が装着していたことがわかる（**図5**）。

橈骨は尺骨とともに前腕の骨を構成する二本のうちの一本で、それを切断し、長さ三センチほどの

図5◎サルの橈骨製耳飾り

（縄文後・晩期：前2000年紀、愛知県田原市吉胡貝塚）

ゴルフのティーのような形に整えて、耳たぶにあけた孔に差し込んだピアスである。そのほか、福島県新地町三貫地《さんかんじ》貝塚と岩手県宮古市蝦夷森《えぞもり》貝塚からサルの橈骨製装身具が出土しているが、ペンダントとされている。

大変珍しいものといってよいだろうが、分布は愛知県から岩手県にまで広がる。それに加えてサルの橈骨という特定の動物の特定の骨を使っていることは、サルに対する特別な意識が広い範囲で共有されていたことを物語る。

吉胡貝塚、伊川津貝塚、保美貝塚は、愛知県の渥美半島に一〇～二〇キロの間隔で並んだ縄文晩期の大きな貝塚である。愛知の三大貝塚と呼ばれることもあるが、日本の三大貝塚といってもよい。吉胡貝塚ではこれまでに三〇〇体に及ぶ埋葬人骨が出土している。そのような大貝塚に、サルの橈骨製耳飾りを装着していた人がそれぞれごくわずかに存在していたことを、どのように考えればよいのだろうか。

装着した五人のうち三人まで叉状研歯という前歯に刻みを入れた特殊な立場にある、限られた人物であった。叉状研歯は、当時流行していた健康な歯を抜く呪術・儀礼の抜歯にともなうものであるが、成人になるとほとんどの人が抜歯されたのに対して、叉状研歯は何百体の人骨のうちこれまで二五例しか見つかっていない、特殊な装身といえる。また、これらの貝塚には鹿角でつくった腰飾りをつけた人物もおり、これもまた限られている。

吉胡貝塚のサルの橈骨製耳飾りをした人物は腰飾りをつけていたので、族長とみなす意見がある。また、見た目がヒトに近いというサルがもつ性格、とくに赤い顔と深いしわという生まれたばかりの赤ん坊と老人に近い点が、サルがヒトの祖先ともっとも近い存在に見なされたのではないかとされている。こうした意見にもとづけば、血縁関係を重視していた縄文時代は、血縁的なつながりを祖先との間に保つことが重要だったので、祖先ともっともつよくコンタクトをとることが望まれた族長にとって、サルはそれを媒介させる呪術的な役割をもっていたとするのが妥当だろう。

伊川津貝塚からは、縄文晩期の黥面《げいめん》土偶が出土している。この土偶は顔にたくさんの線を入れたもので、おそらくイレズミの表現であろう。眉の下から頬にかけて線が見られずに、それを取り巻くように放射状に線刻が密になされている。同じタイプのものは岐阜県中津川市中村《なかむら》遺跡や山梨県北杜市の金生《きんせい》遺跡などの内陸にみられ、中村遺跡の表現（**図6**）はまさにサルといってよい。線刻がイレズミの表現とはいっても、シンボルの多義的な性格を考えれば、サルの毛をも表現したとみられないこともない。そうであれば、土偶という人々のシンボル、祖先に近い形象がサルをかたどっているのもうなづける。

サルの下顎骨や大腿骨に孔をあけてペン

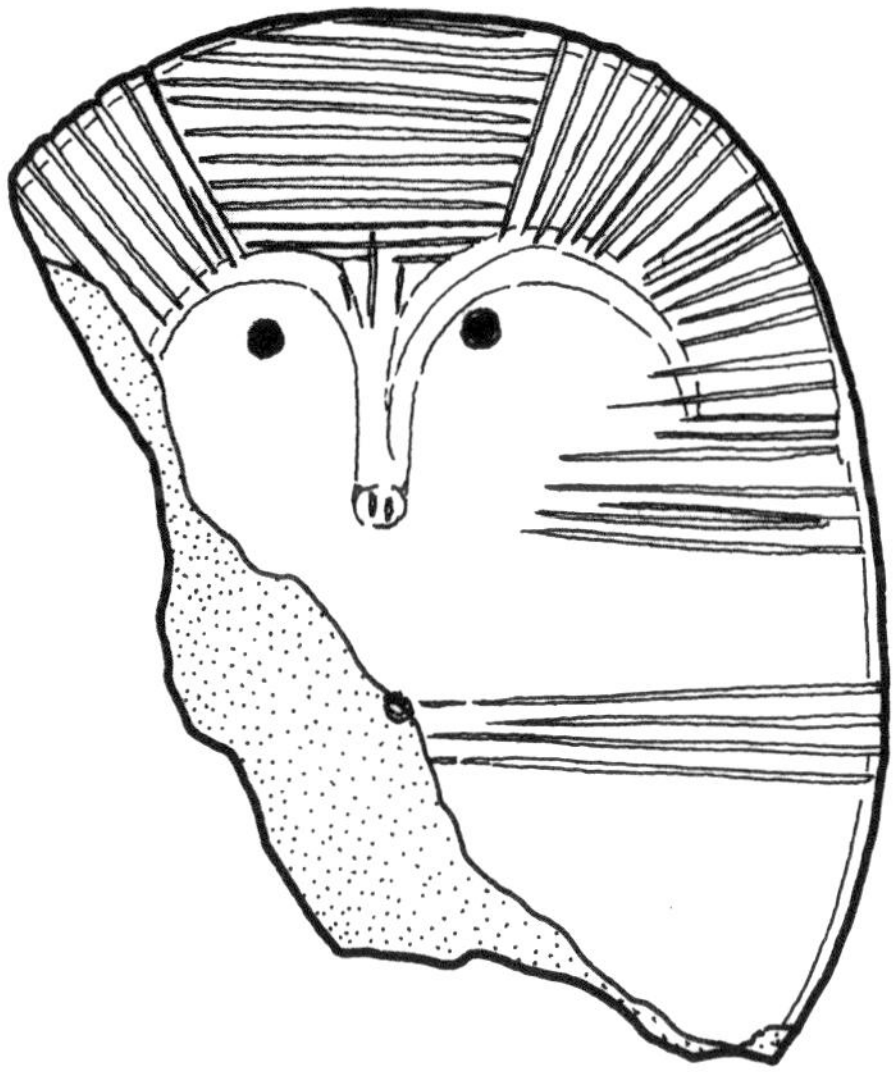

図6◈サルのような顔をした黥面土偶
（縄文晩期：前1000年紀、岐阜県中津川市中村遺跡）

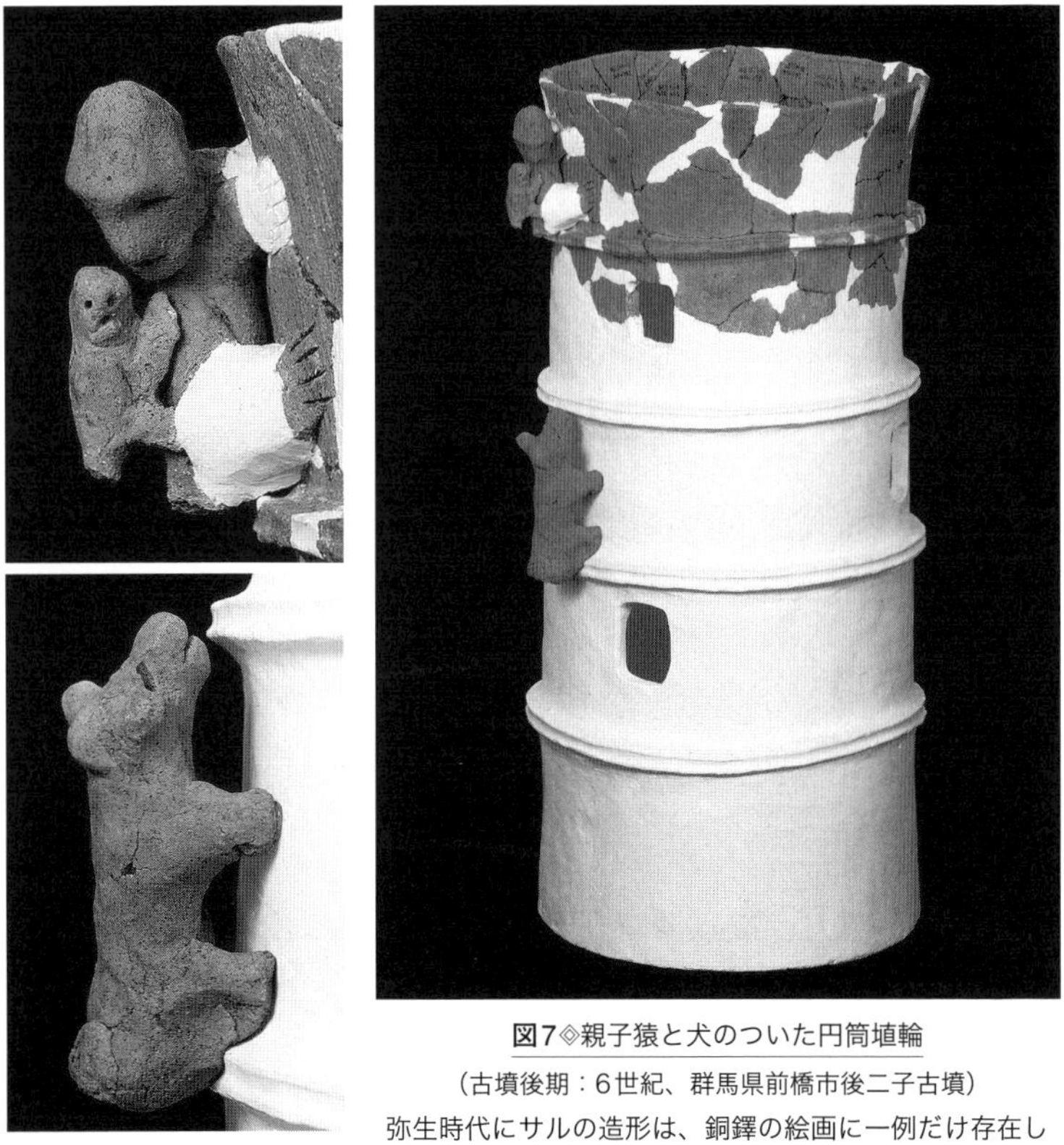

図7◈親子猿と犬のついた円筒埴輪

（古墳後期：6世紀、群馬県前橋市後二子古墳）

弥生時代にサルの造形は、銅鐸の絵画に一例だけ存在しており、古墳時代には数は少ないが、埴輪に認められる（口絵10）。

ダントにした装身具もみつかっているので、サルは食料にする一方で、各部分の骨を呪術的な目的で利用したのであろう。しかし、橈骨だけが耳飾りの素材に選ばれ、橈骨の利用が遠くにまで広まっているのは、橈骨に何か重要な意味があったからに違いない。橈骨の心臓に近い方の端は滑車形であり、縄文時代に流行した滑車形耳飾りの形態とよく似ていることに加えて、端のふくらみによって抜けにくくなるのが選ばれた理由の一つであろう。

3◎聖なる仲介役としてのサル

岡山市にある岡山大学の構内の発掘調査にともなって、鹿田《しかた》遺跡から木の板を削ってつくったサルの人形が出土した。カヤの木を削ってニホンザルの猫背な特徴をよく表現しているこの人形は、おもしろいことに烏帽子をかぶっている。顔面と尻は赤く塗ることによって、これもサルの特徴を表現しており、目と鼻、口、そして背中の体毛が黒漆で表されている。赤漆と黒漆で塗り分けた烏帽子の縞模様の表現は、わたしたちにもなじみ深い。長さ九センチほどである。腕の位置に孔が貫通しており、脚の裏には二センチほどの深さの穴が穿たれている（**図8**）。

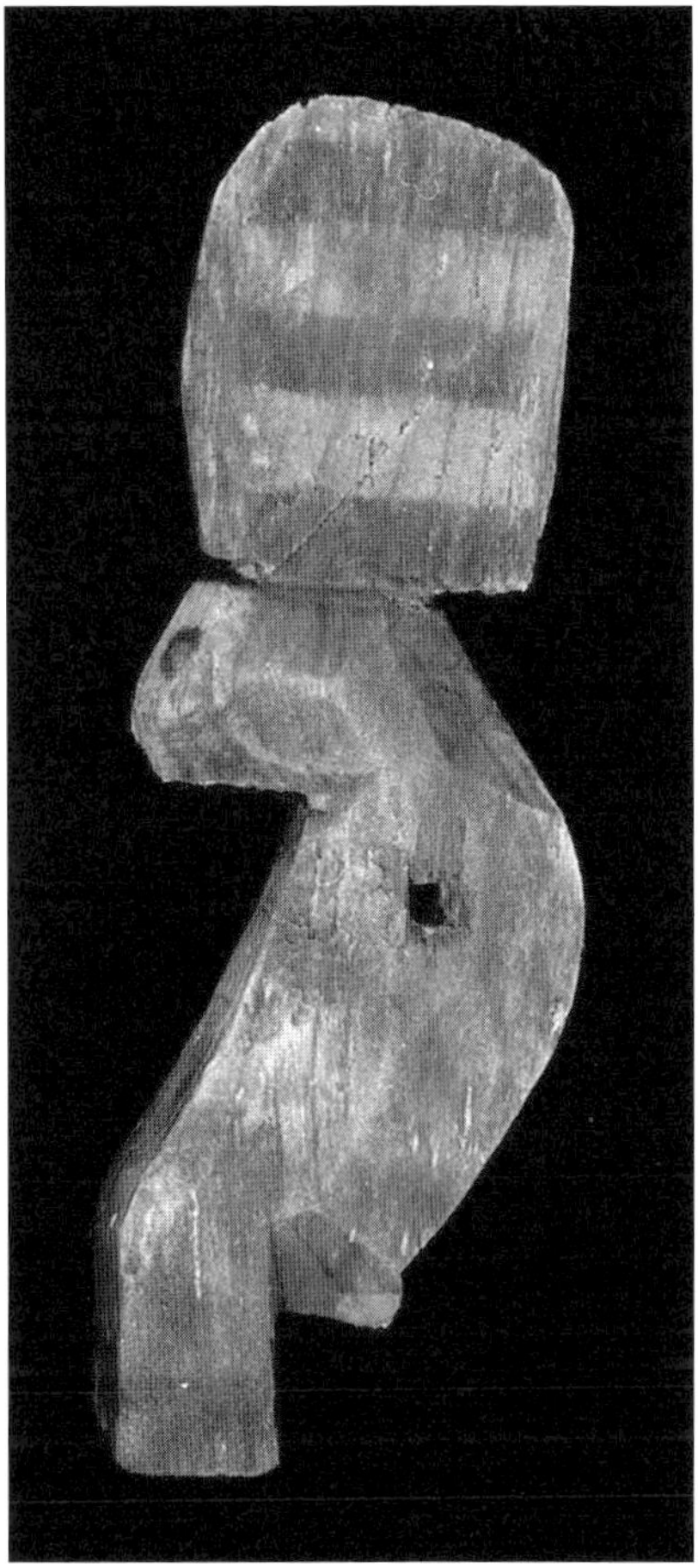

図8◎岡山県鹿田遺跡のサルの人形
（鎌倉：14世紀、岡山市鹿田遺跡）

出土した場所は、大型の溝の中である。溝の中から出土した遺物の年代によって、この人形は一四世紀前半とされている。

報告者は、猿形木製品の類例を探索してほかに二例を挙げている。ひとつは岡山市の百間川米田《ひゃっけんがわよねだ》遺跡のもので、七センチほどの棒状の人形であり、顔には墨書で目と鼻を描き、サルの表情をよくあらわしている。鹿田遺跡のものと同じく、腕の位置に穿孔がある。中世の遺物包含層から出土した。

もう一例は大分市の豊後府内《ぶんごふない》遺跡の資料である。長さ六センチほどで顔と尻を赤く塗っている。手と足を削り出してつくり、前に突き出した手には上下に穿孔が見られる。ここに御幣をもっていた可能性が考えられている。鹿田遺跡のものと同じく底面に穿孔がある。一六世紀の堀から出土した。

これらは底面にある穴に棒を刺して動かした操り人形だとされる。こうした人形を操る中世の職能芸にたずさわる者として、傀儡子《くぐつし》が想定される。傀儡子は古代末期における芸能者としてきわめて特異な存在を示す。その名称と仕事の内容ともども中国に起源が求められる。折口信夫は「ひひな廻しが諸国を歩くということは、ひひなを踊らせながら、祓を進めてまいるのである。穢れをとって廻るのである」と書いている。中世の操り人形には娯楽の意味があるが、元をたどっていくと、払いという呪術的な用途からスタートしたようである。

そこで、サルにそのような呪術的な役割、聖性があったのかどうか、ということが問題になる。天武朝の六七五年には、殺生の禁断令が出されるが、対象になったのはウシ、ウマ、イヌ、ニワトリといずれも家畜である。その中にただ一つ野生の動物としてサルが仲間に加えられたが、食料として扱われていた一方で、サルに聖性を見出していた可能性が考えられよう。『古事記』、『日本書紀』における猿田彦が天孫降臨の際に神々を迎える役割を果したことをはじめとして、山王信仰においてサルが猿神として神の使いの役割を演じていたように、古代から中世初期のサルは神と人間の間の聖なる仲介役とみなされることが多かった。

そこで注目できるのが、民俗学で明らかにされている、サルと馬の深い関係である。柳田國男は、平安末の一二世紀後半に編まれた『梁塵秘抄《りょうじんひしょう》』に、サルを厩につないで遊ばせていたことが記されていることを指摘し、サルは早くから神馬を含む馬の病気平癒、守り神であり、馬医を兼ねた猿曳きはもともと厩払いをおこなった者であったとした。鎌倉時代末の『石山寺縁起絵巻』に厩舎につながれたサルの絵が知られていたが、近年、鹿田遺跡の八世紀後半の井戸から馬の手綱を握りしめたサルを描いた絵馬が出土し、猿駒曳の歴史が八世紀にさかのぼることが明らかにされた(**図9**)。

猿廻しの原形も、病気のウマの治癒や平生の無病息災を祈って厩舎で舞を舞わせたことにある宗教色の強いものであった。舞を舞うサルが初めて登場する文献は鎌倉後期に成立した『吾妻鏡』であるが、一三世紀半ばに編纂された『古今著聞集』にはそのことが詳しく述べられ

図9◈猿駒曳の絵馬(復元品)
(奈良:8世紀、岡山市鹿田遺跡)

ており、烏帽子をかぶった猿が将軍の前で上手に舞を舞って、みんなを驚かせたとある。猿廻しを描いたものでもっとも古いのは一二世紀半ばに成立したとされる『年中行事絵巻』である。

中世芸能の根幹をなす猿楽は散楽から展開したもので、猿楽の文字の初見は『日本紀略』康保二年（九六五）の条であるが、散楽は推古朝に中国からもたらされた奇術などを中心とした芸能であった。それが舞楽化してサルを使った芸能へと展開したのである。

柳田が、サルは元来は信仰に関係のある動物であったが、馬の守護神として厩で祈禱していた民間の陰陽師がサルに舞を舞わせる集団として芸能化していった、と見通したように、厩舎で馬の無病息災を祈る宗教儀礼としてのサルの舞と、大道の見世物芸としての猿廻しは一三世紀後半頃まではともにおこなわれたのであり、それ以降、娯楽的要素を強め、聖性は衰えていった。

鹿田遺跡の猿形人形は烏帽子をかぶっていることから、三番叟を表現したものではないかとされている。文献には一三世紀に烏帽子をかぶったサルが登場しているので、やや後出の資料であるが、そのことを裏書きしている。足の裏にあいた穴に棒を刺してサルが飛び跳ねるしぐさを演じたとともに、腕の位置の孔は、ここに棒を通してくるくる回したのかもしれない。鹿田遺跡は中世のにぎやかな街である。報告者はこの人形が大型の溝から出土したことに注目し、船であちこちからやってくる人でにぎわう往来の中、傀儡子が人形を操って人々に見せ興じている様を想定した。

鹿田遺跡のサルの形をした人形は、このような娯楽となった中世芸能の一端を伝えるきわめて貴重な考古学の資料といえる。中世の厩にはサルをつないで飼うことがあったが、厩にサルの頭骨を取り付ける呪術もおこなわれたようである。サルの頭骨が遺跡から出土した場合、このような使われ方をしていないかったかどうか、丹念に調べてみるとよいかもしれない。

【設楽博己】

酉

トリ

「酉」にはニワトリをあて、「トリ」と呼んでいる。ギザギザのトサカにコケコッコーという鳴き声と聞けば、誰でもわかる鳥がニワトリである。現在、ニワトリは卵や肉など食用のイメージが強いけれども、かつては夜明けを察して朝を告げる不思議な能力をもった鳥だった。ここ一〇〇年ほどで、人々は彼らの霊力を急速に忘れてしまったように見える。しかし今もニワトリ自身はその力を失ってはおらず、美しい姿や羽色、鶏鳴は生命力に満ちている。数千年をふりかえり、考古遺物をとおして人々が感じてきたトリの魅力を探ってみよう。

1◎酉

「酉」はなぜ「トリ」なのか。十二支にはそれぞれ動物があてられていて、日本で干支を受け入れた時点ですでにその動物は決まっていた。一二の動物を表した七世紀の例を韓国にみよう。韓国慶州にある金庾信《キムユシン》墓では、塚の裾にそれぞれ十二支の動物を彫りつけた石がぐるりと立て廻されている。一〇番目の「酉」は鶏頭の人物である（**図1**）。衣服をまとい、手脚は人間のようであっても、脚の間にあるのは尾であろう。「酉」がニワトリの姿で日本にはいってきたとき、当時の日本人は、その鳥がなんであるかすぐにわかった。ニワトリはすでに日本列島に持ち込まれていたからである。

「酉」は「ユウ」という音だが、ニワトリの姿をしているので日本では「鶏《とり》」と呼んでいる。方位は西を、時間は今でいうと午後六時頃を表している。一八世紀の寺島良安による『和漢三才図絵』によると、一番鶏《いちばんどり》は丑の刻（午前二時頃）、二番鶏は寅の刻（午前四時頃）、三番鶏は夜明けを告げるとあり、明け方にふさわしい動物のように思うが、十二支に動物を割り当てる際には特別な配慮はなかったようである。

2◎アジア生まれのニワトリ

ニワトリは紀元前一万年から数千年前頃に、東南アジアから今の中国南部にかけての地域で家禽化が始まったと考えられている。いまや世界中で飼育されるニワトリだが、アジアに分布する四種類のヤケイ（野鶏）のうち、セキショクヤケイを原種としてニワトリは生まれた。ヤケイとはヤブのニワトリつまり野生のニワトリといった意味で、彼らはテリトリー性が強く、見通しのきかない茂みでも通用するオスの縄張り宣言が鶏鳴（コケコッコー）である。

テリトリーを張り、飛翔力も弱いニワトリは自ら長距離移動はしないのだが、家禽として人の移動に随伴して世界中に広まった。そうして海を越え日本にもやってきたのである。

3◎造形のはじまり

鳥モチーフの遺物は縄文時代中期後半（紀元前二五〇〇年頃）から見つかりはじめるが、現在確認されている中でニワトリの存在を示すもっとも古い例は、福岡県行橋市の下稗田《しもひえだ》遺跡の鶏形土製品である（**図2**）。弥生時代中期（紀元前四～三世紀頃）のもので住居跡から見つかっている。鶏形土製品は頭から頸までの破片なので全体の様子はわからないが、刻みのない鶏冠《とさか》が後頭部まで延び、先端は欠けてい

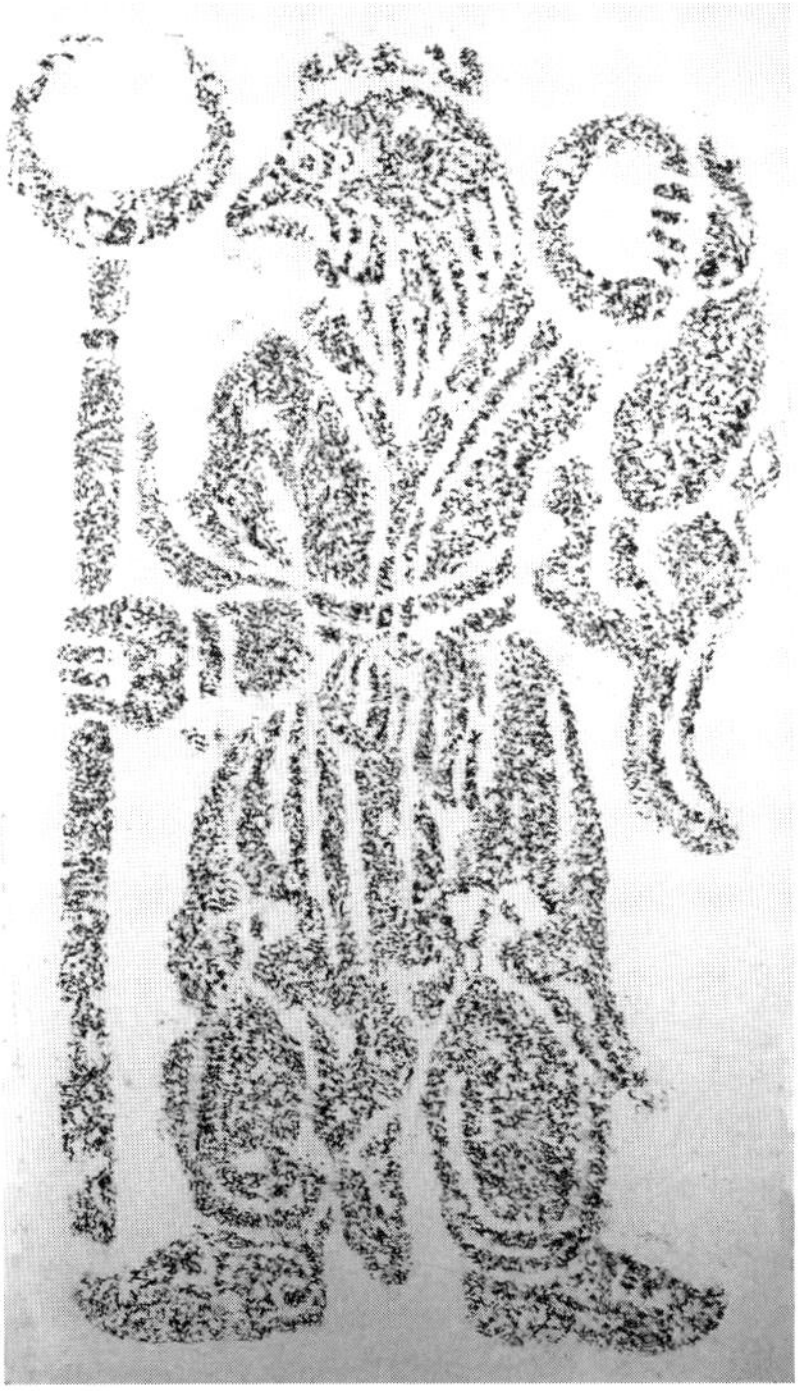

図1◎十二支像拓本
（韓半島 統一新羅：7世紀、韓国慶州金庾信墓）

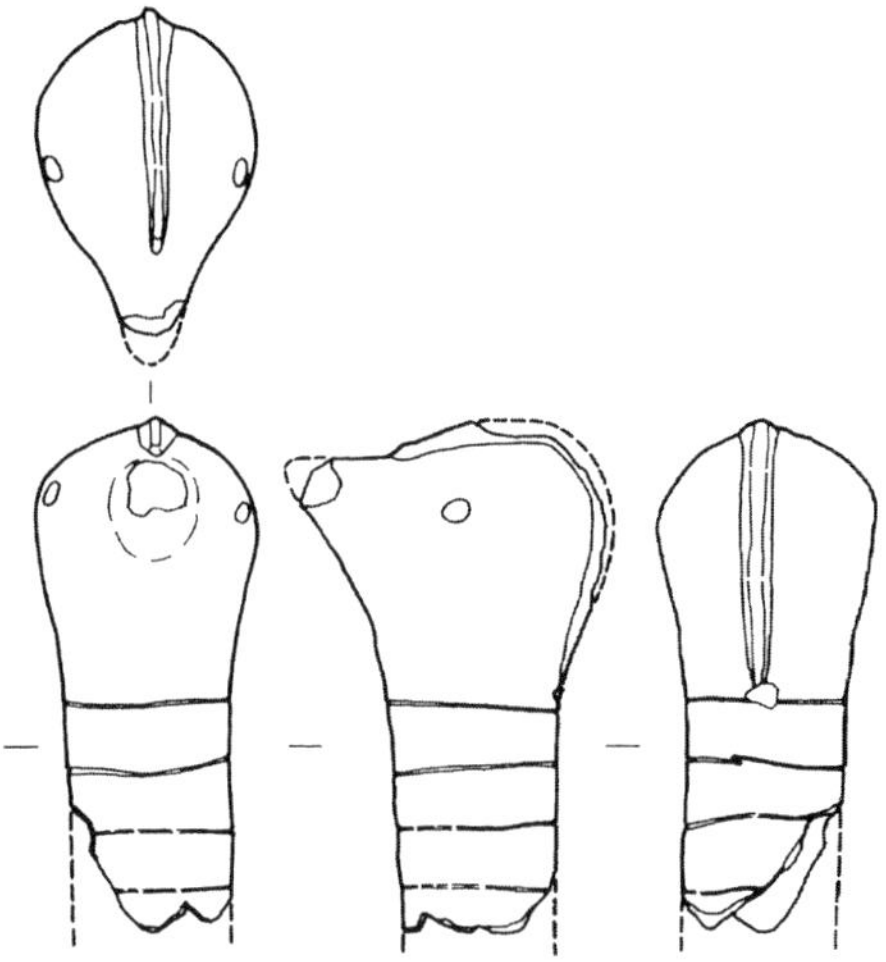

図2◎鶏形土製品
（弥生中期：前4-前3世紀、福岡県行橋市下稗田遺跡）

るものの細い嘴をもっている。ニワトリの特徴をよく捉えているけれども、やや稚拙で素朴な表現は、その土製品が海外から持ち込まれたのではなく、すでに日本に入ってきていたニワトリを見てつくったと考えていいだろう。ニワトリの到来から造形されるまでにはそうとうな時間が経過していると考えられ、おそらく弥生時代の初めころには稲作に伴うさまざまな文化・文物のひとつとしてもたらされたのであろう。

　鶏形遺物は弥生時代末から古墳時代初め（三世紀前〜中葉）にかけて増えはじめる。この時期の鶏形には容器が多いことが特徴である。鳥形土（容）器は縄文時代中期末から少ないながら例があるものの、そのほとんどは頭部の造形がないために鳥の種類はわからない。この時期になって初めて鳥の種類を限定した土器が誕生したのである。その背景には、ニワトリが特別な能力をもつ鳥であると信じられていたという状況があり、ニワトリをかたどることによって、その性質・能力を器物にもたせようとしたのだ。

　岡山県岡山市の雲山鳥打《くもやまとりうち》遺跡一号墳丘墓（弥生時代後期、一〜三世紀）からは鳥形土器が出土している（**図3**）。頭には鶏冠があって鶏形だとわかる。福岡県小郡市の津古生掛《つこしょうがけ》古墳（三世紀中頃）の周濠から見つかった鶏形壺は立派な鶏冠と肉垂《にくずい》をもったオスを造形していた（**図4**）。背中には壺の口が取り付けられ、容器であるにもかかわらず底には孔が空いていて実用品でないことは明らかだ。墓専用に作られた土器だったのである。

同じころの韓半島にも墓から出土する鳥形土器がある。韓国南東部の慶州徳泉里《トクセンリ》遺跡一二〇号墓（三世紀）からはたくさんの土器とともに四体の鳥形土器が副葬されていた。そのうち三体には頭部があり、鴨形土器といわれている（**図5**）。カモの仲間のように平たい嘴をもつ個体のほかに、嘴が細長くまるで鶏形のように見えるものもある。鳥形土器以外の多数の土器は住居から出土するものと差はないから、一緒に副葬されていると

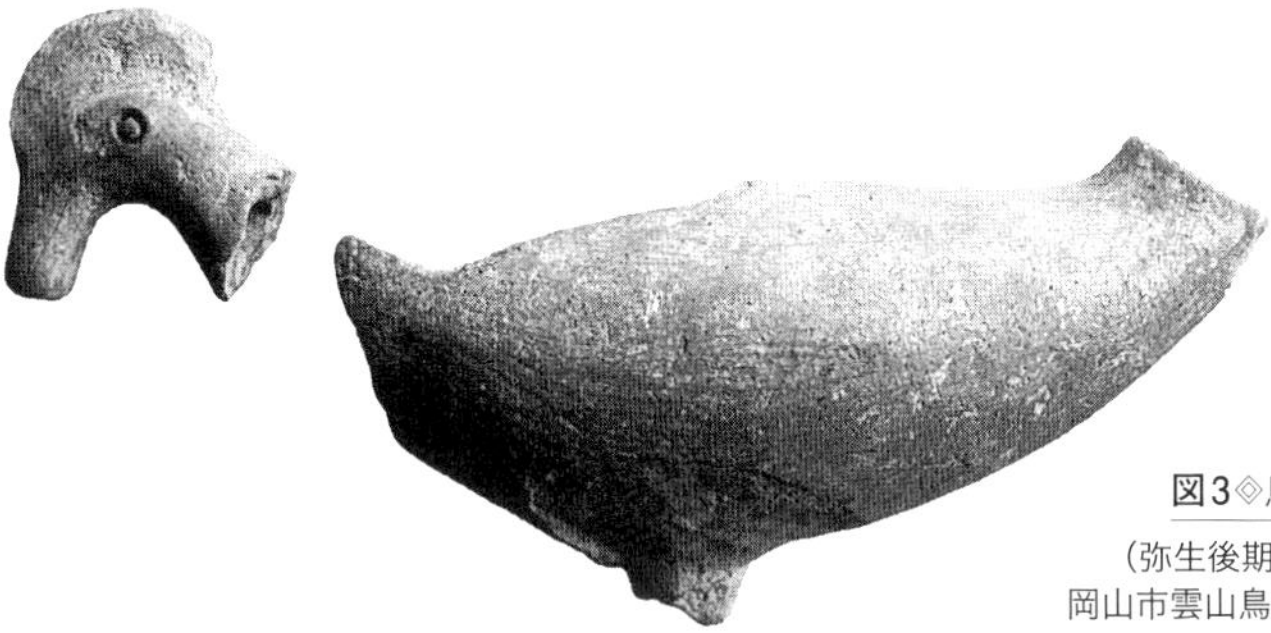

図3◈鳥形土器
（弥生後期：1-3世紀、岡山市雲山鳥打弥生墳丘墓）

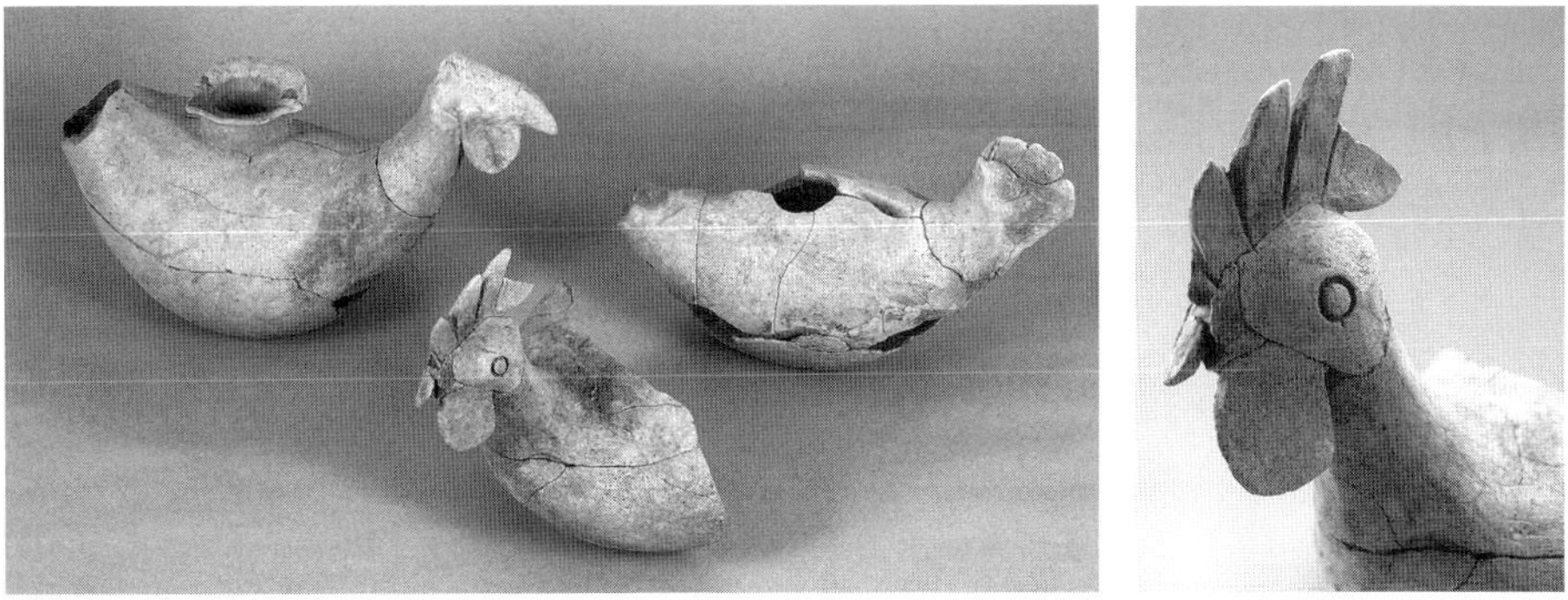

図4◈鶏形容器
（古墳前期：３世紀、福岡県小郡市津古生掛古墳）

しても鳥形土器は特別であると考えた方がよいだろう。

図5◇鳥形土器と出土状況
（韓半島 原三国時代：３世紀、韓国慶州徳泉里遺跡120号墓）

4◇古墳の鶏

弥生時代の鳥はといえば、銅鐸に描かれた長嘴・長頸・長脚のツル・サギが代表だが、弥生時代の後半に登場したニワトリ模倣の造形は古墳時代には一躍トップに躍り出て、ニワトリは古墳を代表する鳥になる。

変化は数の増加だけではない。弥生時代には生活域からも見つかっていたのに対し、古墳時代になると墓域からの出土が圧倒的多数になり、ニワトリはまるで死者の鳥に限定されたかのようだ。古墳時代の初め頃の鶏形遺物は種類が多様で、容器（図４）や木製品（**口絵⑪**）、土製品（**図6**）などがある。その後、古墳に埴輪が並ぶようになると、形象埴輪の一種類として鶏形埴輪が登場する。形象埴輪はさまざまな器物・動物・人物をかたどった埴輪で、鶏形は動物埴輪の中ではもっとも早く出現した。現状で最古の鶏形埴輪が確認されている京都府向日市の寺戸《てらど》大塚《おおつか》古墳（四世紀前半）は、墳長約九五メートルの前方後円墳で、鶏形埴輪は後円部墳頂にある方形壇を囲む円筒埴輪列のすぐ外側から家形埴輪とともに見つかった。こうして鶏形埴輪が樹立されるようになると、埴輪以外の鶏形はほとんど姿を消してしまう。

5◎鶏形埴輪

鳥形埴輪の中で最初に登場した鶏形埴輪は、埴輪が消える六世紀後半までのおよそ二五〇年間古墳に樹立され続けた。その数は推定四〇〇体である。鳥形埴輪にはほかの種類の鳥もいるのだが、鶏形に比べ出現が遅れたぶん樹立期間は短く、数も雁鴨形一五〇体、鵜形二〇体、鶴鷺形一〇体ほどで、いかに鶏形埴輪が多いかがわかるだろう。

鶏形埴輪の形態を観察してみよう。全体の様子がわかる最古の例、奈良県桜井市纒向遺跡坂田地区出土鶏形埴輪（**図7**）は頭に大きい鶏冠、両頬に立派な肉垂《にくずい》、短い翼と豊かな尾をもっている。特徴的なのは目の後方に薄い粘土円板が貼りついていることと、翼の下から生えた脚が止まり木（か枝）をつか

図6◎鶏形土製品
（古墳前期：４世紀、石川県加賀市吸坂丸山２号墳）

んでいることである。粘土円板は耳孔《みみあな》を覆う耳羽《みみばね》を表し、ふだん意識しにくい鳥の耳の存在を顕著にしている。止まり木をつかむ脚の中ほどには後方に延びるケヅメの剝落痕があり、オスをかたどったものであることを示している。

複雑な顔や翼、尾の特徴を端的に表現した造形は、ニワトリへの観察力が優れているとしかいいようがない。ならば、止まり木にほとんどとまることのないニワトリに、わざわざ止まり木をつかませたのには何か意味があったに違いない。それはどういう状況なのか。

図7◇鶏形埴輪

（古墳前期：４世紀、奈良県桜井市纒向遺跡巻野内坂田地区）

6◇闇に佇む鶏

ふつうニワトリはその名のとおり庭つ鳥、餌をついばみながら地面を歩きまわる鳥で、昼間のほとんどを地上ですごす。一般には飛べないと思われているが、まったく飛べないわけではなく、彼らは闇にまぎれて近づくキツネなどに襲われる危険を避けて、夜は木の枝など高い所に飛び上がって眠る。奈良県河合町の佐味田《さみた》宝塚《たからづか》古墳（四世紀）出土の家屋紋鏡と呼ばれている青銅鏡背面には、形式の異なる四棟の建物が描いてあり、そのうち三棟の屋根にはそれぞれ二羽ずつ鶏が載っている（**図8**）。

人家の屋根くらいには上がれるのである。

鶏形埴輪はその登場のときから止まり木をつかんでいた。地上性の高いニワトリが止まり木に載る必要があるとき、それは夜しかない。そうすると、わざわざ耳羽を表現し耳を強調したのもうなずける。当然ながら夜は目がきかない。頼りになるのは耳である。だとすれば鶏形埴輪は闇にまぎれて近づく何かに気づく役目をおっていたのではないか。

古来、夜は妖魔の暗躍する世界だった。ニワトリは稀に夜中でも鳴くことがあり、それは闇にまぎれて近づく魑魅魍魎に気がついて、鶏鳴によって追い払ってくれたのだと信じられてきた。ニワトリ

図8◈家屋紋鏡
（古墳前期：４世紀、奈良県河合町佐味田宝塚古墳）

はまだ夜であるにもかかわらず朝が来た、つまり禍々しきものは退散する時間だと勘違いさせることができる鳥だったのである。『古事記』にもアマテラスオオミカミが「常世《とこよ》の長鳴鳥《ながなきどり》」の声に、自分が隠れているのに夜が明けるとはどういうことだ？と不審に思ってアマノイワトを少し開けてみたという話があるように、鶏鳴が夜明けを知らせるということは神にも通用するルールだったのだ。

さらにニワトリには積極的な性質があった。脚の中ほどに後ろ向きに生えるケヅメは、ニワトリのオスだけがもつ。オスはこのケヅメを振りかざしてテリトリーに侵入しようとするよそ者のオスと戦い、追い払う。この性質を利用したのが闘鶏である。ニワトリは小柄な鳥でありながら勇敢な戦士なのである。

古墳の上で鶏は静かに佇む。耳をそばだて侵入者の気配が近づいたのを知ると、高らかに鳴いて光を呼び、かつ、一緒に死者を守っている武器武具に警戒を呼びかける。いざとなれば自らも戦う辟邪の使命をおびているのだ。そんな情景が浮かんでくる。

器物に写した鶏はあたかも命が宿ったかのように機能すると考えられた。後世にもそのような話は残っている。静岡県の民話に、峠を通りかかった旅人が狼の群れに襲われた。木の上に逃げたところ狼は犬柱をつくって男にせまった。とそのとき、腰にさした煙草入れの金具の鶏が時を告げた。すると一〇〇〇匹の狼はすべて退散したという。

7◎辟邪の鶏

円筒埴輪に描かれた絵にもそれは見てとれる。奈良県天理市の東殿塚《ひがしとのづか》古墳の円筒埴輪にはまだ粘土

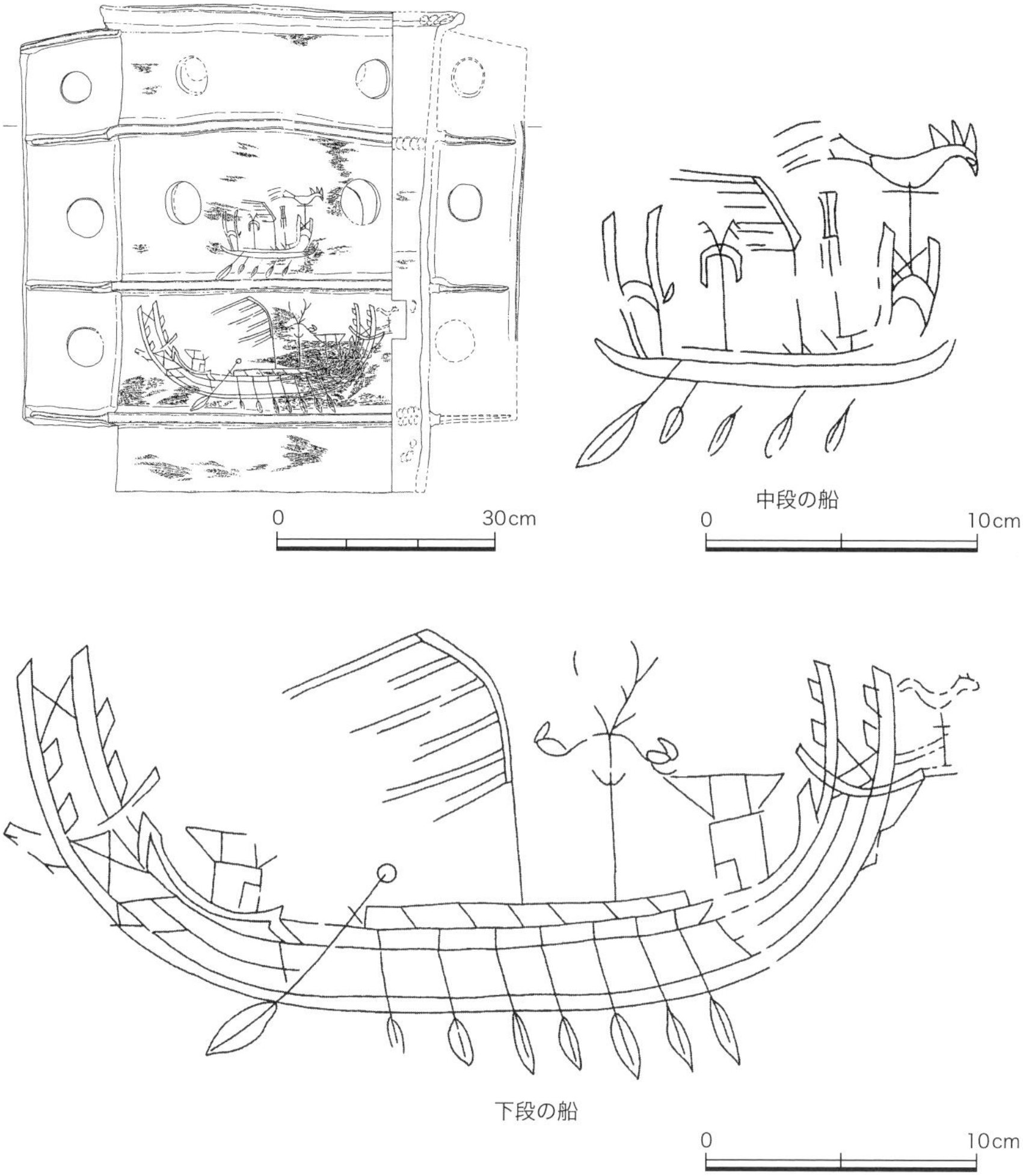

図9◎円筒埴輪に描かれた船の絵

（古墳前期：３世紀後半、奈良県天理市東殿塚古墳）

図10◎銅鶏首
(中国前漢代：前2-前1世紀、青銅製儀杖飾　銘「克不幸」)

が柔らかいうちに、ヘラで線を刻んだ二艘の船が描いてある(**図9**)。船首には止まり木がしつらえてあって、小さい方の船にはまるで風見鶏のように鶏がとまっている。大きい鶏冠や豊かな尾はオスの特徴で、荒波をゆく死者を載せた船を守る役目であったにちがいない。

弥生時代以来鶏形遺物が作られるのも、鶏鳴によって夜の終わりを告げ、自ら侵入者に戦いを挑んで追い払うというニワトリの性質を、器物にもたせるためである。鶏形がおっている辟邪の役目は、本来ニワトリがもつ性質・能力を神秘に感じた人々が、それを人間世界に当てはめて解釈した結果といっていいだろう。

中国前漢代(紀元前二〜一世紀)の儀杖につける飾りで、鶏形の青銅製品がある(**図10**)。のどもとに「克不幸」と鋳出されていて、辟邪に通ずるようにも思う。その性質こそが人がニワトリを家禽にした最大の理由であり、特殊な能力をもった霊鳥として日本に渡ってきたのである。

8◎鶏の象形

「丑」でも登場したが(三一頁)、奈良県橿原市の一町西《かずちょうにし》遺跡(平安時代)の溝から出た木板数枚に、家畜を描いた例がある（**図11**）。その一枚には、左に頭を向けた横一列で、先頭からウマ↓ウシ↓ウシ（ヤギ）↓イヌ↓ニワトリの順にそれぞれが一体ずつ描いてある。ニワトリは実際には格段に小さいはずなのだが、ほかのどれよりも大きく見えるほどに描かれている。イヌはウマやウシに比べて小さく描いてあるので、作者が大きさを認識していないわけではないだろう。古代の絵画では重要なもの、関心が高いものを大きく描くことがある。実大の比率にとらわれず大きく描いたニワトリは、ほかの家畜にひけをとらない大切な鳥だったことを示している。

一八世紀の画家、伊藤若冲はニワトリの画を好んで描いたことが知られている。細密で写実的な彩画はもちろん、対象を純化し抽象化したかのような水墨画まで、さまざまにニワトリを描いている。意外なことに、若冲の描くニワトリと古墳時代の鶏形埴輪には共通点がある。耳を表現しているのだ。正確に言えば、耳孔を覆う羽毛である耳羽を表現しているのだが、耳羽を表すのは若冲と鶏形埴輪だけだといってもよいくらいである。鶏冠さえ描けばニワトリらしく見えることもあってか、一般にニワトリの絵画・造形において耳は省略されることが多い。にもかかわらず、若冲は写実を極めた細密画ばかりか、わずかな筆で構成された水

図11◎木板に描かれた家畜の絵

（平安後期：11世紀後半-12世紀、奈良県橿原市一町西遺跡）

墨画でも目の後ろに円形の耳羽を描いている。千数百年の時空を超えた耳表現の一致は偶然にも見えるけれども、若冲が対象の本質を見抜き、それを画に表した意識は鶏形埴輪にも通じてはいないだろうか。鶏形埴輪にとって、耳が重要な役目を示唆したことは既に述べた。古墳時代の人々もまたニワトリを見つめ尽くして埴輪のニワトリに耳を写したことだろう。

「かんこどり」という言葉がある。現在では「閑古鳥」の字をあててヒマな状態を揶揄する意味で使われているが、閑古鳥とはカッコウのことで、本来は「諫鼓鶏」といった。中国の古い伝説では、賢帝が太鼓を設置して、民に何か訴えることがあればこの太鼓を叩いて知らせるように言ったが、太鼓が鳴り響くことがないままに時は過ぎ、とうとう太鼓に鳥が巣くってしまったというのである。

江戸の三大祭のうち、六月一五日日吉山王祭、九月九日神田明神祭の両祭は、江戸時代には山車が江戸城にくりこんで将軍が観覧していた。その山車の一番乗りは大伝馬町の諫鼓鶏だ。諫鼓鶏は善政の象徴だから施政者にとっては慶しいものだし、元旦を鶏旦とも呼ぶように、鶏はものごとの始まりにふさわしい。ただそこには古来よりの不吉を払う役目が、先頭きって上覧にむかうニワトリにあったのだろう。

弥生時代に日本に入ってきたニワトリは、自身のもつ能力を辟邪として期待されてきた軌跡を考古遺物に点々と、しかし確実に残してきた。豊かな暮らしを願うだけでは十分ではなく、悪いことを遠ざけてこそ繁栄が叶うと人々は考えてきたのである。一九世紀に始まった大量飼育によりニワトリは朝告げ鶏の地位を急速に失った。しかし、不祥を払い、闇を切り裂き光あふれる世界を導く「鶏」の記憶は輝きを失ってはいない。

【賀来孝代】

戌

イヌ

現代の日本では、いろいろな品種のイヌを見ることができる。身体の大きさや毛色、体型、顔つきなどのバラエティはきわめて大きい。その多くはペットとして飼われているが、盲導犬や災害救助犬など働くイヌもいる。

全国で飼育されているイヌの頭数は、二〇一一年度段階で一〇〇〇万頭を超えると推計されている。イヌはおそらくネコと並んで現代人がふれあう機会の最も多い動物であり、また日本で最も古くから飼われてきた家畜でもある。

しかし、この長いつきあいの歴史の中で、イヌと日本人の関係は時代とともに大きく変わってきた。

1◎イヌは大切なパートナー（縄文時代）

日本列島に人々が暮らしはじめたのは旧石器時代であるが、「その頃の人々はイヌを飼っていたのか」「どんなイヌがいたのか」等については、出土資料がないためにわかっていない。出土資料でイヌの骨が見られるのは、縄文時代の早期（約一万一五〇〇〜七〇〇〇年前）以降である。現在のところ、日本列島で最も古いイヌの骨は、神奈川県横須賀市の夏島《なつしま》貝塚で出土しており、約九〇〇〇年前のものと言われている。

縄文犬の大きな特徴は、きちんと墓が作られて、そこに埋葬されていることである（**図1**）。多くの場合は小さな穴を掘って、その中に前肢・後肢を折り曲げて、丸くなって眠るような姿勢で埋葬されているが、千葉県船橋市の高根木戸《たかねきど》遺跡（縄文中期）のように、三個体のイヌを一緒に葬った例もある。さらに、縄文時代でも後期になると、人間の墓が集まる区域にイヌの墓も作られるようになる。もちろん、貝塚の貝層の中などから骨がばらばらに出土するケースもあるが、これは人間がイヌを食べた後にその骨を捨てたからではなくて、基本的にはもともと埋葬されていたものが後に掘り返されて、骨が移動した結果と考えられる。

出土する骨を見ると、老年まで生きていた個体が目立つ。四肢骨や肋骨が折れて治癒した痕跡が残るものも多い。縄文人たちはシカ・イノシシを主要な対象としてさかんに狩猟を行っていたので、イヌはそのパートナー（狩猟犬）として活躍していた。出土する骨に骨折のあとが認められる場合が多いことから、狩猟の際には骨が折れるほどの大けがをすることもしばしばあったのであろう。しかし、治癒した痕跡があるということは、骨折した後にもそのイヌが長期間生きていたことを示している。けがのために狩猟犬として働けなくなったイヌもそこでお払い箱にされたわけではなく、その後も老犬になるまで大切に飼われていたことがわかる。つまり、イヌは縄文人たちにとって狩猟の際に働く家畜であったが、同時に愛される対象でもあったと言えるだろう。

ただし、縄文後期になると、イヌの犬歯に孔を開けてペンダントに加工したり、四肢骨に解体痕を残す例が、少数であるが出土するようになる。しかし、これも非常に数が少ないことから見て、日常の食料として解体したというよりは、何らかの特殊な意味があると思われる。

図1◎縄文時代のイヌの埋葬（21号犬骨）
（縄文後期、宮城県気仙沼市田柄貝塚）

縄文犬はどのような姿形をしていたのだろう。出土した骨からは、当然ながら毛色や耳の形や、しっぽの巻き具合などはわからないが、骨を観察・計測することでわかってくる要素もある。

イヌの骨を見るポイントで特に重要なのは、一つは頭蓋骨の形、特に「ストップ」の状態と顔の幅である。ストップとは、「額段」ともいわれるが、額（前頭部）から鼻（吻部）にかけての凹みを指す。縄文犬の形質の特徴は、このストップがあまり凹ま

図2◈縄文・弥生・江戸時代のイヌ頭蓋骨の比較
（右：縄文後期、岩手県陸前高田市門前貝塚　中央：弥生前期、愛知県清須市・名古屋市朝日遺跡
左：江戸、東京都文京区東京大学工学部１号館地点・東京都渋谷区千駄ヶ谷五丁目遺跡）

ないことである（**図2**）。ストップは野生獣のオオカミ・キツネ・タヌキではまったく見られずに前頭部と鼻先はなだらかにつながっているが、現代犬では明瞭な凹みが見られる。この点では、縄文犬は野性的な古い特徴を備えていると言えるかもしれない。また、顔の幅は頬の骨の張り出し具合で見る。縄文犬はあまりこの骨が張り出さず、ほっそりした顔の個体が多い。また、後頭部の高さも全体に低い。

もう一つのポイントは身体の大きさである。体高（肩の高さ）は、四肢骨等の長さから個体の体高を復元推定する計算式が公表されていて、これを用いて復元することができる。縄文時代中期までのイヌの出土量は少ないが、おおむね体高四五センチ程度の中型犬が多い。後期と晩期には出土量が多くなり、体高三五〜四〇センチの小型犬が主体になる。中期以前のイヌよりも後期以降のイヌの方が平均的に少し小さくなるわけである。

縄文犬のようなストップのないイヌは、現在は東南アジアで多く見ることができる。そのため、このタイプのイヌはアジア大陸南部が起源と推定される。おそらく、氷河期が終わって後氷期になり、気候が温暖化するのにともなって人間とともに北上して日本列島にやって来たと考えられている。ただし、このタイプのイヌは中国の内蒙古地域の約六〇〇〇年前の石虎山《せっこざん》遺跡など、かなり北方の遺跡でも出土している。日本列島だけでなく、当時の東アジアの広い地域で飼育されていたと思われる。

なお、現代の柴犬が縄文犬と似ているとか、柴犬は縄文犬の形質をよく受け継いでいると言われることがあるが、これはやや不正確な表現である。たしかに体高四〇センチ程度の小型犬である点は共通している。しかし、頭蓋骨を見ると、柴犬はいかにも現代犬らしくストップが明瞭で頬の骨も張り出している。ほかにも下顎骨の形など、異なった点がたくさんある。毛色のような骨に現れない形質がどの程度似ていたかはわからないものの、少なくとも骨で見る限りは「身体の大きさ以外に似ている点はない」と言った方がむしろ妥当であろう。

2◇食肉用の家畜となったイヌ（弥生時代）

縄文時代には大切に飼育されていたイヌたちだったが、弥生時代になるとその扱われ方はまったく違ってくる。弥生人はイヌを食べたのである。イヌは解体され肉を食べられた後、その骨がばらばらに捨てられた状態で出土するようになる。

この時代には、イヌが埋葬された確実な事例はない。もっとも、東アジアの稲作文化地域ではイヌが食用とされるのは一般的なことであり、水田耕作や金属器など弥生期に導入されたさまざまな文化要素の一環として、イヌを食べる習慣も日本列島に入ってきたと思われる。

しかし、弥生時代に水田耕作が始まったからといって、縄文時代にさかんに行っていた狩猟を人々が突然やめてしまったわけではない。弥生時代の遺跡からもシカやイノシシの骨はたくさん出土し、これらを対象に狩猟が行われていたことがわかる。そして、銅鐸に人間がイヌとともに狩猟を行う絵が描かれることからも、縄文時代と同じように狩猟犬として働いたイヌもいたはずである（**図3**）。けれども、働いてくれたイヌを葬った墓は作られていないのだ。

これは、弥生時代になって、人々のイヌに対する考え方が完全に変わってしまったことを示しているのだろう。渡来文化は新たな物品をもたらしただけでなく、人々の生き方・考え方までもすっかり変えてしまい、その影響は相当大きかったようだ。

この時代の出土したイヌの骨を見ると、体高は四〇センチ前後で縄文犬とほぼ同じぐらいであるが、頭蓋骨にストップがより明瞭に見られ、後頭部も少し高くなるなど、縄文時代には見られなかった「弥生犬タイプ」とも言うべき新しいグループが見られる。これらは、稲作とともに渡来人によって日本列島にもたらされたのであろう。

愛知県清須市と名古屋市にまたがる朝日《あさひ》遺跡のよ

図3◎袈裟襷文銅鐸の狩猟図

（弥生：前2-前1世紀、伝香川県）

うに、イヌがたくさん出土する遺跡では、縄文時代のイヌによく似た縄文犬タイプと上記の新しい弥生犬タイプ、さらに両者の混血タイプの三タイプが見られる場合がある。大陸からある程度多くのイヌが持ち込まれ、日本列島で縄文時代以来飼育されていたイヌと次第に混血していった状況を示していると思われる。なお、朝日遺跡から出土するシカやイノシシ類の骨には、いずれも激しいイヌのかじり痕が見られる。イヌが徘徊し、人間の廃棄した生ゴミをあさっていたのだろうが、もしかしたら骨がイヌにエサとして与えられていたのかもしれない。

3◈大切にされるイヌと食べられるイヌ（古墳時代〜中世）

イヌだけでなく他の動物についても言えることだが、古墳時代になると、縄文時代や弥生時代に比べて、遺跡から骨が出土するケースがずっと少なくなる。この傾向は中世まで続く。

古墳時代になって、骨にかわって目につく「出土イヌ」は、古墳に立て並べられたイヌ形埴輪である（**口絵⑫**）。イヌ形埴輪は五世紀前半に出現し、その分布地域は九州から東北地方までと広く、出土数も多い。

イヌ形埴輪はイノシシやシカ、狩人の埴輪とともに並べられていることから、狩猟の場面を表現していると考えられている。表現が類型化されたイヌ埴輪から当時飼育されていたイヌの形質を読み取ることは難しいものの、古墳時代にも狩猟にイヌが用いられていたことが推測できる。

狩猟犬は文献にも登場する。播磨国風土記には、応神天皇の飼い犬についての記述がある。「応神天皇の猟犬——名前は麻奈志漏（まなしろ=愛しいしろ）——がイノシシと一緒に岡に走り上っていった。この犬はイノシシと戦って死んだので、墓を作って葬った。だからこの岡の西に犬の墓がある」と述べられている。これがすべて史実であるとは言い切れないが、少なくとも播磨国風土記が成立した八世紀の前葉には、猟犬として名前をつけて飼育され、死んだら墓を作って葬ってもらえるイヌもいたことを示すのであろう。一方、七二〇年成立の日本書紀には、垂仁天皇の巻に「甕襲《みかそ》という人の家に足往《あゆき》という犬がいた。この犬は山の獣のむじなを食い殺した」という記述がある。これを見ると、猟犬が名前をつけて飼育されたケースは、必ずしも「天皇の飼い犬」に限定されていたわけではないようだ。

また、文献には、中国や朝鮮半島からイヌが持ち込まれた記録も見られる。たとえば日本書紀には、天武天皇の時代に、新羅から朝廷に対してウマや他の物品とともにイヌが贈られたという記述が三回出てくる。また、続日本紀には七三二年には新羅から「蜀狗」と猟犬が、類聚国史には八二四年に渤海から「契丹大狗」と「猧子」が贈られたという記述がある。蜀狗とは蜀のイヌであり、わざわざ産地名が示されることから見て特徴的な姿のイヌだったのであろうか。契丹大狗も契丹の大型イヌで、猧子は小型イヌの意であろう。これらも当時は一般的ではなかった大型のイヌと小型のイヌと思われる。また、続日本後紀には八四七年に留学僧が唐よりイヌを持ち帰って献上した記録がある。

このように貢ぎ物や献上品として大陸から持ち込まれたイヌは、総数としては少なかったかもしれないが、当時の日本列島では珍しい姿形の個体が多く、天皇や貴族などに大切に飼育されたのであろう。これらは狩猟犬として使われるほかに、純粋な愛玩用のイヌもあったのかもしれない。

しかし、その一方で弥生時代と同様に食用にされるイヌも多数存在した。六七五年に出された詔勅ではウシ・ウマ・イヌ・サル・ニワトリの肉を食べることを禁止しており、これはその頃にもイヌが一般的に食べられていたことを示すと考えられる。イヌの中にも大切に飼育されるものと食べられてしまうものといった明らかな格差が生まれたのである。

九世紀後半の出来事を扱う歴史書の日本三代実録には、イヌが内裏や右近衛府・大膳職などで死んでいたという記述や、イヌが人の死体をくわえて神祇官に入りこんだり、内裏や大炊寮などで子を産んだりした記述が見られる。イヌが起こしたこれらの事件は、当時の人々にとっては避けるべき「穢れ」であった。古代においては、人々にとって「穢れ」の原因となるので排除すべき存在であったにもかかわらず、多くのイヌたちが役所や貴族の邸宅に自由に出入りし、そこで暮らしていたことがわかる。町中には当然さらに多数のイヌが徘徊していたと思われ、これらは時には捕まえて食べられたのであろう。

もちろん、都周辺だけでなく地方においてもイヌは食べられていた。宮城県多賀城市の山王《さんのう》遺跡では、九世紀を中心とする古代のイヌの骨がある程度まとまって出土している。これらの骨はばらばらの状態で出土し、解体痕の残るものも見られ、食用にされたことがわかる。

出土骨から捨てられたイヌたちの体高を復元してみると四一～四九センチとなり、弥生時代と同程度の大きさの個体が見られる一方で、かなり大きな個体も含まれており、弥生時代よりも明らかにバラエティが大きくなっている。このことから、中国大陸から日本列島へ持ち込まれた新たなタイプのイヌの影響が九世紀には地方にも及んでいたと推測できる。

一方、東北地方よりもさらに都から離れた北海道オホーツク海沿岸地域には、古墳時代から古代にかけて、本州とは異なった「オホーツク文化」と呼ばれる文化が広がっていた。オホーツク文化人は漁労を主な生業としながら家畜としてブタとともにイヌを飼育して食べており、彼らの残した遺跡か

図4◎上杉本洛中洛外図屏風の「イヌとり」
（16世紀）

らは解体され食べられた後に捨てられたイヌの骨が出土する。これらのイヌの骨には鼻面の幅が広い・下顎底が丸いなどの特徴が見られる。このような特徴は現在の樺太犬など北方に分布する品種のイヌと共通しており、縄文犬や弥生犬には見られなかったものである。

中世になっても、遺跡からの動物骨出土量はあまり多くないものの、広島県福山市の草戸千軒町《くさどせんげんちょう》遺跡や神奈川県鎌倉市の由比ヶ浜南《ゆいがはまみなみ》遺跡などでは多量のイヌの骨が見られる。草戸千軒町遺跡ではイヌの骨の多くは解体後に廃棄されたものであり、由比ヶ浜南遺跡では一個体分まとまっていた骨（埋葬されていたのか廃棄されたのかは不明）もあるが、解体され廃棄された骨もあった。解体されたイヌたちは食用にされたのだろう。由比ヶ浜南遺跡でイヌの体高を見てみると四一〜四七センチとばらつきがあり、上述のオホーツク犬のような北方的な特徴をもつイヌも含まれていることから、時の流れとともに形質のバラエティがじわじわと大きくなってきているのがわかる。

この時代にはイヌを使ったイベントとして犬追物（周囲を囲った馬場に多数のイヌを放して騎馬武士がこれを射る）や闘犬がしばしば行われた。一四世紀に成立した太平記によれば、鎌倉幕府の一四代執権である北条高時は闘犬を好み、鎌倉に四〜五〇〇〇匹のイヌを集めて月に一二回も闘犬を行ったという。そして、闘犬に使う多数のイヌは租税や貢納物として納めさせたり、全国の守護や豪族などに献上させたという。一六世紀に描かれた洛中洛外図屏風（**図4**）には、イヌを捕獲して集めるプロである「イヌとり」が見られるが、このような職人たちによって犬追物や闘犬、また食肉用にイヌを捕獲し供給するしくみが確立していたのかもしれない。

4◎多様化するイヌたち（江戸時代）

江戸時代になると、遺跡から動物の骨が出土する量は再び増加する。イヌの骨の出土量も多くなり、当時のイヌのタイプや人とイヌとの関係をかなり具体的に読み取ることができるようになる。

イヌたちは少なくとも古代にはすでに「大切に飼育され死後は墓を作ってもらえるイヌ」と「あたりを徘徊し時には食用にされるイヌ」に分かれていたが、江戸時代でも、大名屋敷などで前者の大切にされたグループの墓が確認できる。東京都港区の旗本屋敷地（白金館《しろかねかん》址《し》遺跡）では、寛永通宝を副葬されたイヌの墓が見つかっている（**図5**）。この墓のイヌは骨の保存状態があまり良くないため、頭蓋骨の形はわからないが、体高は約五〇センチで、現在の紀州犬程度の大きさである。添えられた寛永通宝はあの世へ行くために三途の川を渡るときの船賃であり、飼い主の心遣いがうかがわれ

図5◇寛永通宝を副葬されたイヌ
（江戸：18-19世紀、東京都港区白金館址遺跡）

る。また、東京都品川区の仙台藩下屋敷跡（仙台坂《せんだいざか》遺跡）では、頭蓋骨が現生シェパードよりも大きく、体高が五一センチを超える大型の埋葬犬が出土した。外国から移入された西洋犬と考えられている。

一方、東京都港区の伊皿子《いさらご》貝塚では、一九世紀前半のイヌの墓石が四点発見されている（**図6**）。これらには埋葬されたイヌの戒名のほかにそのイヌの俗名や年月日・地名などが刻まれている。そして、四点のうち三点については、記載された内容から見て葬られたのは大名屋敷で飼育されていた「狆《ちん》」である。この頃の「狆」という単語は現代の品種としての狆ではなく、矮小犬全般を指しており、武家では上述のような大きなイヌだけでなく矮小犬も好んで飼育したのであろう。実際に東京都文京区の大聖寺藩邸跡《だいしょうじはんていあと》（東京大学附属病院入院病棟地点）では、一七世紀の体高三一センチのイヌが出土している。体高三一センチといえば、現代の狆（体高二五センチ前後）よりわずかに大きなイヌであり、矮小犬と言っていいだろう。なお、江戸時代後半になると、浮世絵に一般女性や遊女が矮小犬を連れたり抱いたりしている場面が描かれ、庶民も矮小犬をペットとしていたようだ。

一方、食用にされたと思われるイヌの骨の出土量は、埋葬されたものよりもずっと多い。江戸では、大名屋敷であれ町人居住地であれ、ゴミは敷地内にゴミ穴を掘って捨てていたが、そうしたゴミ穴からは、イヌの骨がばらばらになって出土する。これらの骨には解体時につけられた刃物の傷が残っている場合も多い。東京都文京区の加賀藩邸跡《かがはんていあと》（東京大学工学部一号館地点）では、邸内のあちこちから集められたゴミを捨てた大きなゴミ穴が見つかっていて、ここからは一九世紀前葉のイヌの骨が一四四九点と大量に出土している（**図7**）。骨はもちろんばらばらな状態で、解体痕の残る資料も見られた。これらのイヌの内訳は、最小個体数で幼獣四個体、若獣一個体、成獣三一個体の計三六個体と成獣が多く、成獣の体高は四三〜五〇センチと幅があったが、四五センチ以上の個体が多い。頭蓋骨はいずれも鼻面の幅がやや広く、頬の骨はやや張り出し、ストップははっきりしている。下顎骨を見ると骨体の高さは平行に近く、歯列の湾曲が少ない（歯の並び方が比較的直線に近い）など、現代の柴犬に近い特徴が見られる。江戸の町中をうろうろしていたイヌの多くはこのようなタイプだったのであろう。

一七世紀に出版された料理書である「料理物語」には、イヌの料理法として吸物と貝焼き（貝殻を鍋の代わりにして肉などを煮る料理）が紹介されているが、イヌは人間に食べられただけでなく、鷹狩のためのタカを飼育する際の餌とされたものも多かった。東京都葛飾区の将軍の鷹狩場の館跡（葛西城《かさいじょう》遺跡）では、解体された後の二〇個体分のイヌの骨が濠に投げ捨てられており、その肉はタカの餌にされたと思われる。

図6◇イヌの墓石

（江戸：文政13年（1830）、東京都港区伊皿子貝塚）

図7◈解体痕のあるイヌの骨
（江戸：19世紀、東京都文京区東京大学工学部1号館地点）

江戸時代遺跡から出土するイヌの特徴を一言でまとめると、非常に多様な点であろう。体高を見れば三〇センチ程度の小さなものから五〇センチを超える大型のイヌまでさまざまであり、プロポーションについても柴犬タイプのものもあれば、ダックスフントやコーギーのように頭部や胴体の大きさに比べて足が短いタイプも出土している。江戸時代には長崎を通じて大小さまざまなイヌが渡来したことがわかっており、それらは将軍や大名にも献上された。もちろん、日本列島には縄文時代以降継続して海外のイヌが持ち込まれたが、それらは古い時代には中国大陸からの渡来にほぼ限られており、イヌの多様性は時間の経過とともに徐々に増してはいたものの限定的であった。それに対して、新しい時代になるとヨーロッパからもイヌが持ち込まれるようになる。このことが江戸時代の出土イヌの多様性に大いに寄与したのであろう。

【新美倫子】

亥

イノシシ

冬になると、筆者の住む愛知県の山あいの地域ではイノシシ猟が始まる。捕れたイノシシの肉は「ぼたん」と呼ばれ、鍋ものなどにされる寒い季節のごちそうだ。このイノシシ猟はもちろん肉を手に入れることが大きな目的であるが、害獣駆除の性格もある。山あいの地域では、イノシシに田畑の作物を荒らされて困っているケースが多く、彼らが田畑に侵入するのを防ぐために、昔から「ししがき」という施設が作られてきた。

十二支の「亥」は、日本では「イノシシ」を指すが、十二支発祥の地である中国では「ブタ」のことである。ブタはイノシシを人間が長い間飼い慣らして家畜化したもので、両者のイメージはかなり異なっているが、種としては同一である。だから、イノシシとブタは交配可能であり、その子どもがイノブタと呼ばれる。ここではイノシシとブタをまとめてイノシシ類とし、主に出土遺物から日本人と彼らのつきあいの歴史を見ていこう。

1◎イノシシ類とのつきあいの始まり（縄文時代）

現在、日本のイノシシは本州・四国・九州に分布している。北海道には住んでいない。一方、沖縄には、少し小型のリュウキュウイノシシが生息している。本州・四国・九州の中でもイノシシの身体の大きさは一様ではなく、地域によって、また時代によって差があることがわかっている。

さて、日本列島の人々はいつからイノシシを利用しはじめたのだろうか。じつは、旧石器時代の日本列島における人とイノシシの関係はよくわかっておらず、様子がわかるようになるのは縄文時代からである。現代の日本では都会に住んでいる多くの人々にとって、実際にイノシシを目にする機会はあまり多くないと思うが、縄文時代にはシカとともに最も一般的に利用された野生動物であった。

縄文時代の人々はイヌを連れて野山に行き、イノシシ狩猟を行った。捕まえたイノシシは肉や脂を利用するだけでなく、頭蓋骨を壊して脳みそを取り出し、また手足の骨を割って中に入っている骨髄も取り出して全部食べた（**図1**）。脂肪分と塩分・ミネラルを豊富に含む骨髄は、縄文食の貴重な調味料でもあったのだ。また、骨や歯は道具やアクセサリーの材料にもなった。もちろん、毛皮も衣服などにして利用したであろう。

海をはさんで隣の中国大陸では、すでに約九〇〇〇年前に河南省の賈湖《かこ》遺跡でブタを飼育していた。約九〇〇〇年前といえば、日本列島では縄文時代早期の中頃である。縄文時代の人々は野生イノシシを狩猟するだけで、家畜のブタは飼っていなかったのだろうか。この疑問に答える手がかりとなるのが、伊豆諸島の八丈島や三宅島で出土する縄文時代のイノシシ類の骨である。八丈島や三宅島にはもともと野生イノシシは生息していなかったのに、縄文時代前期以降は、イノシシ類の骨が出土するようになる。そして、それらの骨には、本土のイノシシと比べると小さく変形したものが見られる。

八丈島は最も近い本土である伊豆半島から二〇〇キロも離れており、イノシシが泳いで島に渡ることは不可能である。人間が船で彼らを島に運んだのだ。伊豆諸島と本土は縄文時代にも黒曜石などの物資をやりとりしているので、イノシシもそれらと一緒に運んだのであろう。船に乗せて長距離を運んだのは扱いが容易な子どものイノシシであり、人になついて家畜となったブタであろう。そして、出土する骨が小さく変形しているのは、イノシシ類の個体群が島の中で飼育されて世代交代を繰り返すことにより、島に適応して身体が小型化した結果であると考えられる。つまり、縄文人たちはこの頃にはイノシシ類（つまりブタ）を飼育していた可能性が高いのである。

もっとも、この時代のブタはまだ飼育の初期段階で、骨の形を見ても下顎骨が肥大化したものが少数見られる程度であり、家畜化が進みイノシシと形の違いが明瞭な、いわば「典型的なブタ」とはなっていない。その後、縄文社会にどの程度ブタが定着したかは、具体的にはよくわかっていない。

このように縄文時代の人々にとって重要な動物で

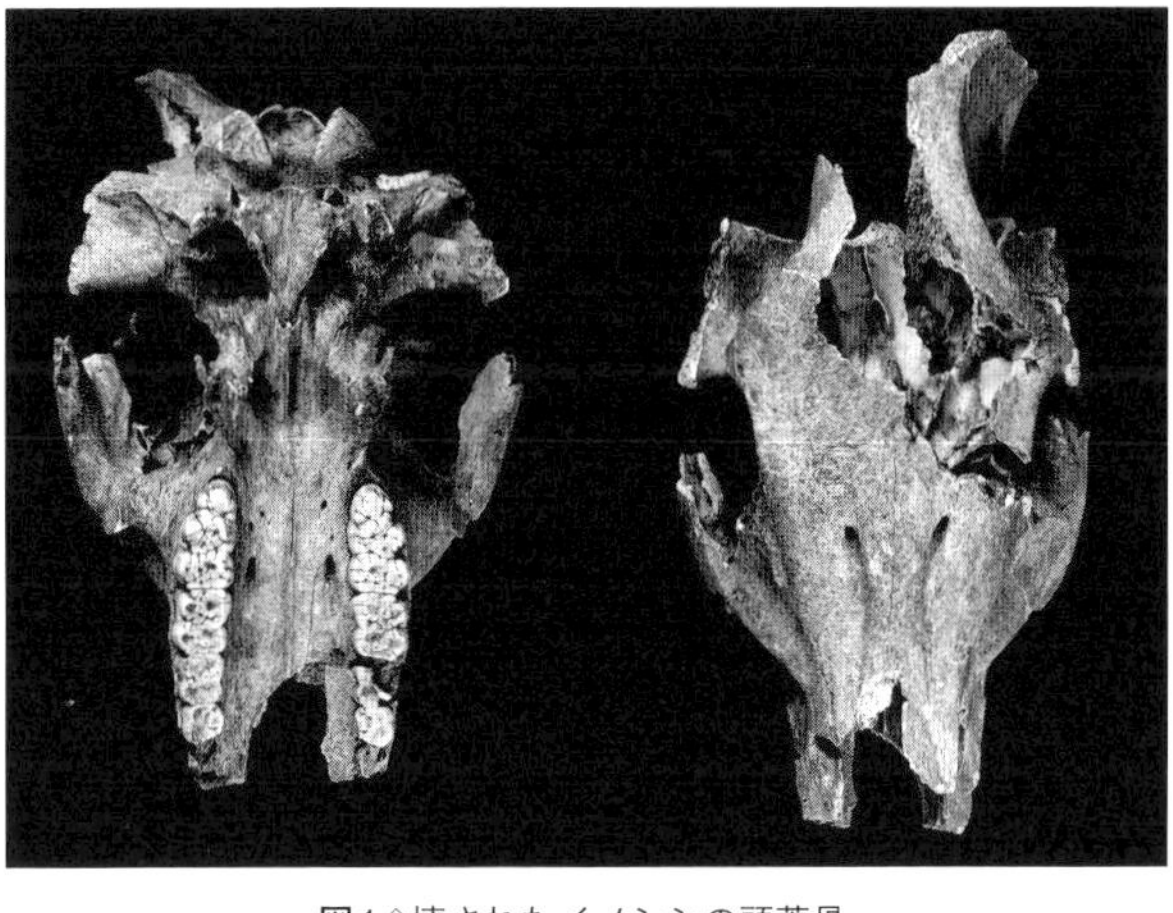

図1◇壊されたイノシシの頭蓋骨
（縄文晩期、愛知県田原市伊川津遺跡）

図2◇イノシシ（うり坊）形土製品
（縄文晩期、北海道函館市日ノ浜遺跡）

あったイノシシ類は、食料・材料として利用されるだけでなく、儀礼的に取り扱われることもあった。イノシシの骨が出土するときに、「頭蓋骨があること」「一定の配列が見られること」「焼く・孔を開けるなど骨に加工が見られること」「土壇や土坑など施設をともなうこと」の四条件のうちの複数を満たす場合に動物儀礼が行われた痕跡と見ると、縄文時代では、確認できるのは五遺跡六例であり、その中でイノシシ類が関係するのは四例と多い。たとえば、千葉県船橋市の取掛西《とりかけにし》貝塚（縄文早期）では、イノシシ頭部七個とシカ頭部三個の集積が見つかっている。また、山梨県北杜市の金生《きんせい》遺跡（縄文晩期）では、直径一・三メートル、深さ六〇センチほどの坑の中に、仔イノシシのよく焼かれた下顎骨が一一〇体分以上つまっていた。

千葉県茂原市の下太田《しもおおだ》貝塚では、埋葬されたイノシシが出土した。この遺跡には縄文中期の部分と縄文後期の部分があるのだが、中期では成人の墓と同じ区域に手足を折り曲げた屈葬の姿勢で埋葬された若いイノシシが見つかり、幼いイノシシの仔三個体も人の子どもの墓やイヌの仔の墓と同じ区域に埋葬されていた。後期では、やはり幼いイノシシの仔一個体が人の墓と同じ区域に埋葬されていた。縄文人は基本的に野生動物を埋葬していないので、これらは家畜のブタだった可能性がある。

また、縄文時代の中期以降にはイノシシ形の土製品が東日本の各地で作られた。イノシシ形土製品には、北海道函館市の日ノ浜《ひのはま》遺跡出土資料のように背中の縞模様を表現して仔イノシシ（うり坊）をかたどったもの（**図2**）や、青森県弘前市の十腰内《とこしない》2遺跡から出土したたてがみを持った大人のイノシシ（**口絵⑭**）など、いろいろなタイプがある。縄文時代にはシャチや貝などいろいろな動物の土製品が作られるが、イノシシ形土製品はその中で圧倒的な多数を占める。しかも、上述の日ノ浜遺跡のように、イノシシが自然には生息していなかった北海道の遺跡からも出土するのである。

しかし、イノシシと同じように全国で主要な狩猟対象だったシカについてはこのような土製品は作られず、縄文人たちの両者に対する扱い方の差は対照的である。これは、ブタが飼育されていたこととも関係すると考えられている。

2◎弥生ブタの登場（弥生時代）

弥生時代になると水田耕作がはじまるが、「イヌ」の章でも述べたように、だからといって人々は長い縄文時代の間ずっと続けてきたイノシシやシカの狩猟をやめてしまうわけではない。弥生時代にもイノシシ・シカ狩猟はさかんに行われ、あちこちの弥生時代遺跡からはそれらの骨がたくさん出土する。けれども、縄文時代には多くの遺跡において、シカとイノシシ類の利用量はほぼ一対一だったのに、弥生時代になるとイノシシ類の方がシカよりも数倍多く出土するようになる。なぜ弥生時代になるとイノシシ類の出土量が急に増えるのだろうか？

稲作を行っているわけだから、その分狩猟にまわせる労働力は減るはずなのに、縄文時代にもましてイノシシ狩猟がさかんになったのであろうか？　弥生時代になると急に増えるイノシシ類の出土量について、考古学ではうまく説明することができない状況であった。このような状況の中、一九八八年に大分市の下郡桑苗《しもごおりくわなえ》遺跡で、ほぼ完形のイノシシ類の頭蓋骨が三個発見された。これらには歯周病

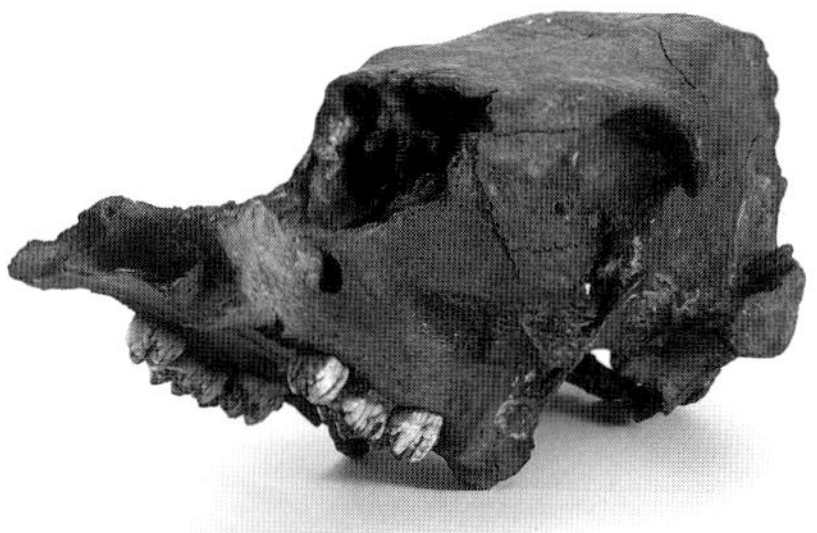

図3◎弥生ブタの頭蓋骨

（弥生前〜中期、大分市下郡桑苗遺跡）

による歯槽骨（歯のまわりの骨）の溶解や後頭部の発育異常が見られ、野生イノシシと比較して後頭部が高いこともわかった。

頭蓋骨で後頭部が高くなることは、鼻が短くなる変化と連動している。頭蓋骨の鼻が短く、顔が丸く変化するのは、長い時間をかけて野生種を家畜化していくと現れる「家畜化現象」として知られている変化であり、これらの弥生時代のブタは先述の縄文ブタとは異なり、はっきりと家畜化現象が見られるブタであった（**図3**）。

そこで、「弥生時代にブタがいた」ことを念頭に置いて、これまですでに発掘されていたあちこちの弥生時代遺跡出土イノシシ類の骨を見直してみると、「イノシシ」と鑑定されていたもののうちの、かなり多くが「ブタ」であることがわかってきた。もちろん、ブタと一緒に野生イノシシと考えられる骨も多数出ており、弥生時代には同じ遺跡でイノシシ狩猟とブタ飼育の両方が行われていたと考えられる。つまり、イノシシ狩猟とシカ狩猟を同程度に行っていたとしても、ブタを飼育していれば「イノシシ類の骨＝イノシシの骨＋ブタの骨」なので、イノシシ類の出土量がシカ出土量より多いのも当然である。ここでようやく「弥生時代になると急にイノシシ類の出土量が増える」ことの説明が付くようになったのである。

これらの弥生ブタの由来であるが、先述のように、縄文時代にもブタを飼育していたのであれば、縄文人が長い時間かけてさらに家畜化を押し進めていき、縄文ブタの子孫が弥生ブタになった可能性も思いつく。そうであったとすれば、縄文時代の中でも後の方になるほど、家畜化現象がよりはっきり見られる骨が出土するはずである。しかし、実際には、縄文時代を通じて家畜化現象が明らかなイノシシ類の骨は出土せず、弥生時代になって、突然、家畜化現象が顕著な典型的なブタが出現するのである。

このように、縄文時代と弥生時代の間に明らかに飛躍があることから、野生イノシシが長期間かけて日本列島内で家畜化されたのではなく、弥生時代の始まりとともに大陸から新しいタイプのブタが導入されたと考えられる。渡来人によって稲作やイヌを食べる習慣などと一緒に、新しいタイプのブタが持ち込まれたのである。

では、弥生ブタの起源地はどこであろうか。中国では弥生時代が始まるよりもはるかに昔から各地でブタを飼育しており、地域によって出土するブタの形質に特徴がある。一方、日本では弥生時代一二〇〇年ほどの間には大中小三タイプのブタが確認されているが、その中でも主体となるのは小柄なタイプである。そして、このタイプは当時の中国南部の遺跡に多い。筆者も長江流域の新石器時代遺跡である河姆渡《かぼと》遺跡出土ブタの骨を観察したことがあるが、全体に小型で口先（鼻先？）の部分が小さく、朝日《あさひ》遺跡出土のブタと形質が非常によく似ていた。河姆渡ブタと朝日ブタには年代差はあるものの、このそっくりな様子は両者の関係をうかがわせるのに十分であった。

それでは、この中国南部のブタはどのような経路で日本に持ち込まれたのであろうか。経路の候補として最初に思いつくのは、中国から朝鮮半島を経由して日本に渡ってくるルートである。中国から直接日本に渡ってくるよりも、朝鮮半島を経由すれば海路も短くてすむ。しかし、朝鮮半島で出土している最古のブタの骨は紀元前六世紀のもので、日本の最古の弥生ブタの方がこれよりもかなり古い。したがって、現段階では、中国から直接日本にブタがもたらされたと考えざるを得ない。

図4◎灰釉猪圏（ブタ便所模型）
（漢：前202-後220、出土地不明）

弥生時代中期〜後期にあたる中国の漢の時代の墓からは、副葬された「ブタ便所」の陶製の模型が出土する（**図4**）。「ブタ便所」とは、ブタの畜舎の上階に人間の便所を作るなどして、人糞をブタの餌として利用できるブタ飼育施設である。漢ではこのような施設を使ってブタが飼われていたのであろう。しかし、弥生時代の遺跡からは今のところブタ小屋などの跡は発見されておらず、弥生ブタをどのように飼育していたのかはよくわからない。

なお、イノシシ類の頭蓋骨や下顎骨が壊れずに丸ごと残っていれば、その形から弥生ブタなのか野生イノシシなのかを見分けられるが、割れて破片になってしまうと見分けることはかなり難しくなる。また、手足の骨ではブタかイノシシかはほとんど区別できない。そこで、このような形態的に区別が難しい資料について、遺伝的な情報を用いてすぱっと明確に区別できないかとＤＮＡ分析に期待が寄せられた。

しかし、話はそう簡単にはいかない。出土イノシシ類のＤＮＡ分析には、出土骨資料からのＤＮＡ増幅の成功率が非常に低いことや、イノシシとブタはもともと同一の種でありＤＮＡの違いがわずかであることなど、いろいろと困難な点が残っている。現状では、DNA分析の結果からも弥生時代に大陸からブタが日本に移入された可能性は極めて高いと明らかになったが、それ以上の詳しい議論はまだ難しい。

さて、弥生ブタの登場とともに、イノシシ類を用いた儀礼にも、縄文時代とは異なる新しい形が始まる。イノシシ類の下顎骨は上から見るとV字形になっており、下顎枝（人間で言うとエラの部分）の面積が広い。その形態を利用して下顎骨を棒に掛けたり、下顎骨の下顎枝部分に孔を開けて棒につるすといった儀礼的な扱いが行われるようになる（**図5**）。このようなイノシシ類（ブタ）の下顎骨に孔を開けた例は中国山東省の遺跡でも知られており、儀礼のやり方も弥生ブタとセットで中国からもたらされたと思われる。一方、縄文時代にはたくさん作られたイノシシ形土製品は、弥生時代にはほとんど作られなくなる。銅鐸に描かれた絵にも、イノシシは登場するが、その数はシカよりもかなり少ない。

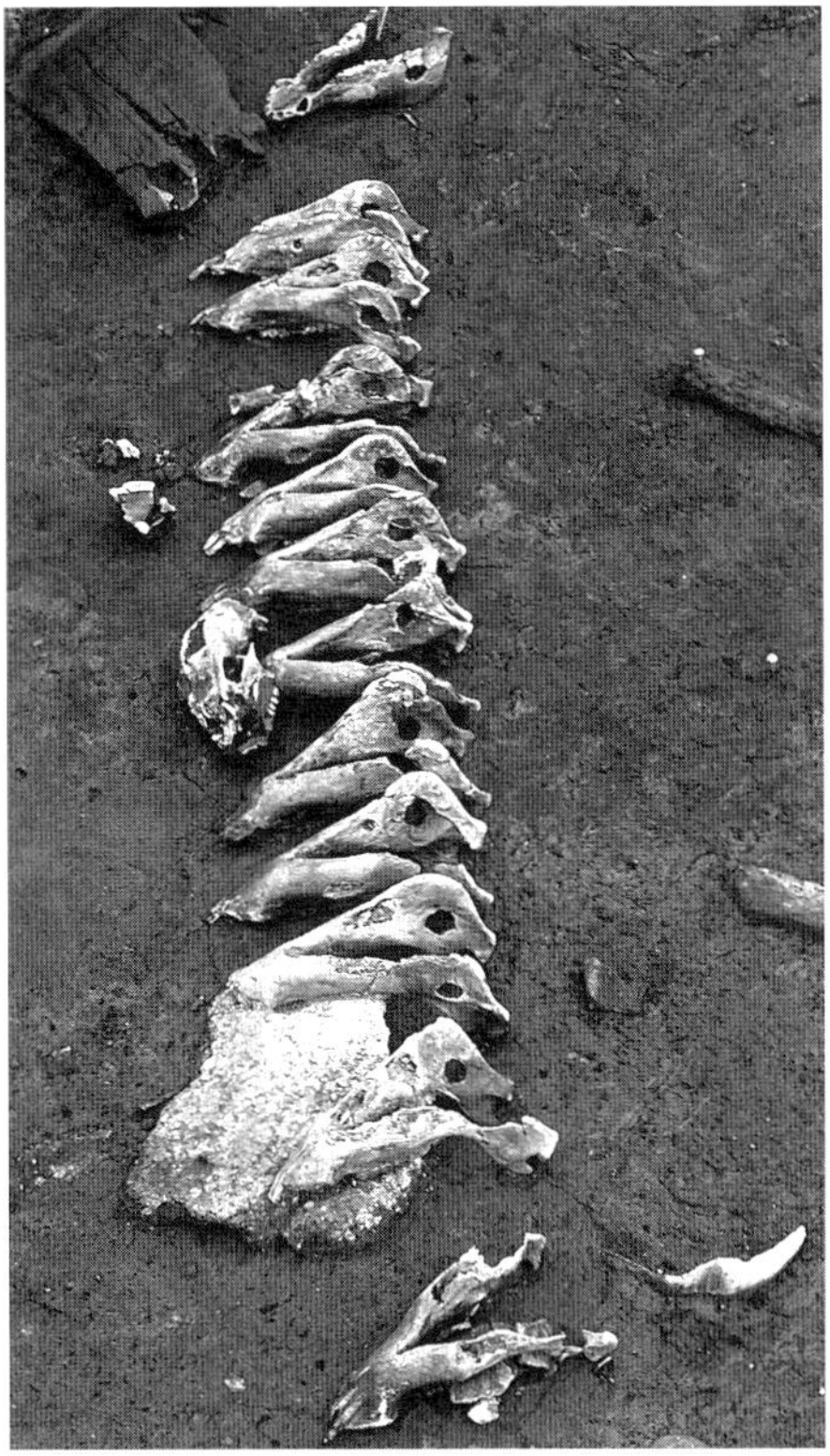

図5◎儀礼に用いられたイノシシ類の下顎骨
（弥生中期、岡山県岡山市南方（済生会）遺跡）

　また、弥生時代には新たに骨を用いた卜占が行われるようになる。その道具である卜骨として最も多く使用されたのはシカの骨であるが、イノシシ類の骨もこれに次いで多く用いられた。卜骨に用いられたシカとイノシシ類の割合には地域性があり、山陰地方や近畿地方ではイノシシ類の方がシカより多いが、東海地方や関東地方ではシカの方が多くなる。これは、西日本でブタの出土量が多く、東日本で少ない傾向と一致する。卜骨によく用いられる肩甲骨など頭部以外の骨では、ブタかイノシシかの判別が難しい場合が多いが、これらイノシシ類を用いた卜骨のかなりの部分はブタであろう。

3◎本州〜九州と北海道・沖縄におけるイノシシ類（古墳時代〜中世）

五世紀前半になると、古墳に立て並べる埴輪にイノシシが登場する。イノシシ形埴輪（ブタ形埴輪の可能性もある）は鼻やたてがみが特徴的である。背に矢が刺さり血を流すイノシシ形埴輪もあり（**図6**）、イノシシ狩猟が古墳時代にも行われていたことがわかる。けれども、弥生時代以降、農耕の重要性が高まるに従って、次第に狩猟はかつてのような主要な「生業」ではなくなっていった。イノシシ狩猟も支配者層によって行われる「遊びの狩猟」や、庶民が農閑期に行うパートタイムの仕事になっていったのであろう。この農閑期の狩猟には、農作物を荒らす害獣を駆除する意味もあったと思われる。

また、ブタは古墳時代にも飼育されており、神奈川県逗子市の池子《いけご》遺跡では、五世紀頃の下顎連合部がかなり立ち上がった、つまり長さが短い（＝鼻面も短い）ブタの下顎骨が出土している。関東地方でも弥生ブタよりさらに家畜化の進んだブタが飼われていたことがわかる。

古代になると、文献によれば「猪飼部」の人々がブタを飼っていた。けれども、仏教の影響でたびたび出された殺生禁止令・肉食禁止令により、ブタの飼育は次第に行われなくなっていく。先述の池子遺跡では古代（奈良～平安時代）のブタ下顎骨も出土しており、都から離れた関東地方では、古墳時代から古代にかけて連続してブタ飼育が行われていたと思われる。けれども、都に近い徳島県徳島市の観音寺《かんのんじ》遺跡では、同じ頃にはすでにほとんどブタは出土せず、やがて東日本でもブタ飼育の証拠はほとんど見られなくなっていく。そして、イノシシ狩猟の重要性が低下し、ブタが飼育されなくなるにつれて、人々がイノシシ類の肉を摂取する機会も少なくなったと思われる。

一方、日本列島の中でも北端の北海道と南端の沖縄では、やや異なる様相が見られる。北海道にはもともと野生イノシシは生息しないが、そのオホーツク海沿岸地域では、本州における古墳時代から古代にかけての頃にオホーツク文化が広がる。これはサハリンから北海道にやってきた人々が伝えた文化で、オホーツク文化人はニシンやホッケなどを対象とした漁業をさかんに行い、オットセイなどを捕る海獣狩猟にも長じていた。そして、彼らは農耕も行い、家畜としてカラフトブタを飼育して食べていた。カラフトブタはサハリンから持ち込まれたブタで、中国南部起源の弥生ブタとは異なる北方系のブタである。身体は小型で、出土する頭蓋骨を見ると弥生ブタよりもさらに家畜化が進んで、鼻面はより短く顔はより丸くなっている。けれども、北

図6◎血を流すイノシシ形埴輪
（古墳後期：5世紀、群馬県高崎市保渡田Ⅶ遺跡）

海道においてもオホーツク文化期が終わるとブタは出土しなくなる。

また、沖縄では中世以降、中国からブタが移入されて飼育されていた。そして、現在でもブタの肉だけでなく内臓・血液・耳・足・皮も含めて全身を残さず利用する文化が形成されている。本州・四国・九州の人々は動物の内臓食・血食は不得手であるとされるが、沖縄では現在もブタの内臓を入れた「中身汁」や血を使った炒めものである「血いりちー」、豚足の汁ものである「あしてぃびち」などの特色あるブタ料理が作られている。

4◈江戸のイノシシ類（江戸時代）

古代以降、日本列島の多くの地域で人々はイノシシ類の肉を口にする機会が少なくはなったが、もちろん食べるのをやめたわけではない。江戸時代になると再び動物骨が出土する遺跡が多くなり、少なくとも江戸では出土骨からイノシシ類の利用状況をある程度うかがうことができる。江戸では「ももんじ屋」（獣肉店）で、野生のイノシシ肉を「ぼたん」や「山鯨」と称して売っていた。東京都新宿区の三栄町《さんえいちょう》遺跡では一九世紀の一〇〇個体を超える大量のイノシシ骨が、シカやカモシカなどの骨とともに集積した状態で出土しており、「ももんじ屋」の跡と考えられている（**図7**）。もちろん、地域や階層によってイノシシ肉を食べることのできる頻度にはかなりばらつきがあっただろう。

一方、ブタについては、一八世紀前半に出版された百科事典である『和漢三才図会』を見ると、「長崎及び江戸処々に多くこれあり」と述べられており、江戸ではよく見られたようである。実際に江戸の遺跡からはブタの骨が少量出土するが、その出土量から見て、多くの遺跡では食べられたブタ

図7◈集積するイノシシやシカの骨
（江戸：19世紀、東京都新宿区三栄町遺跡）

図8◈ブタ頭蓋骨・下顎骨
（江戸：17-19世紀、東京都港区薩摩鹿児島藩島津家屋敷跡第2遺跡）

図9◎錦絵「愛宕参詣群集之図」
（慶応1年〔1865〕）

の量はそれほど多くないと思われる。これらには大型と小型の二タイプが見られ、大型タイプのブタは東京都港区の薩摩藩屋敷跡（薩摩鹿児島藩島津家屋敷跡第2遺跡）で多く出土しており、「薩摩の黒豚」かもしれない（**図8**）。小型のタイプはおそらく中国大陸起源であろう。幕末に描かれた錦絵「愛宕参詣群集之図」には庶民がブタを連れた姿が描かれているが、このブタは耳が大きく現代のわれわれがもつブタのイメージにかなり近い（**図9**）。そして、明治期になると西欧の文化が広く導入されるとともに、豚肉は広く一般に食べられるようになっていくのである。

【新美倫子】

〈解説〉動物考古学の今

1◎動物考古学と生態学的アプローチ

本書で展開した研究方法は、広い意味で動物考古学と呼ばれる分野に属する。動物考古学は、動物や自然の生態と人間とのかかわりを重視する学問であるが、そうした生態学的研究と関係しながら形成されてきた動物考古学の歴史と、日本にそれがどのように導入されて発展してきたのかを素描しておくことにしよう。

考古学は、人類が残したさまざまな遺物や遺跡を手がかりにして、過去の人々の暮らしを考える学問である。残された遺物や遺構は、斧や矢じりなどの道具や住居の痕跡など、人々の生活残滓であり、いわゆる物質文化である。暦のない時代を扱う考古学では、同じ種類の遺物を配列することによって変化をあとづけ、そこから年代を推測する研究方法が発達した。

その一方、人間の動物的特性と文化のありようを研究する人類学という学問が形成されると、考古学は人類学の一分野であるという風潮が生まれたが、その傾向はとくに英米で顕著である。

一九世紀半ばに、イギリスのチャールズ・ダーウィンが『種の起源』を著して進化論を提唱するが、考古学にもそれは大きな影響を与えた。デンマークのクリスチャン・トムセンによる石・銅・鉄という道具の進化にもとづく三時期区分法や、スウェーデンのオスカー・モンテリウスによる型式学的研究法は、種の起源に前後して登場した進化論的考え方にもとづく考古学の方法論である。

進化論は道具ばかりでなく、社会そのものの推移にも適応された。それをおこなったのは、人類学者や民族学者であり、アメリカのルイス・モルガンやイギリスのエドワード・タイラーは、人類社会の進化を野蛮・未開・文明という道筋で説明した。

しかし、人類の社会進化はこのように単純、単線的なものではない。より複雑な人類の営みと進化をどのように説明するのかは、考古学にとっても重要な課題となっていく。

文化の変化や変異を考えるうえで、自然環境への適応が重要であることに気づくようになると、環境への適応がどのように文化変化をもたらすかという研究「文化生態学」が登場した。これは、第二次世界大戦後にアメリカ文化人類学のジュリアン・スチュワードによって唱道されたが、イギリスのグラハム・クラークのように、それに影響を受けた考古学者も現れた。

文化生態学の考古学への適用がどのようなものだったのか、クラークの研究からみてみよう。一九四九～五一年、クラークはイギリス北部のスター・カーという中石器時代の遺跡を発掘した。出土した骨はアカシカ、ノロシカ、オオシカなどであるが、一年のうちでの角の成長パターンが種によって決まっていることに目を付け、狩猟シーズンを推測した。たとえばアカシカは、冬季に枝角が成長して四月に脱落し、その後再び生えて夏場は袋角になるが、スター・カーでのアカシカは多くが枝角を脱落させておらず、袋角の個体もないので、冬から春に狩猟が行われていたことと、夏場には遺跡が利用されていなかったこと、すなわち移動生活が推定された。

出土した動物の骨の傾向性とその動物の生態的特徴にもとづいて狩猟の季節を推定し、遺跡を利用した人々の行動パターンにせまる研究は、アメリカのヒルデガード・ホワードが一九二九年に発表した研究にさかのぼることができる。ホワードは、サンフランシスコのエメリヴュ遺跡から出土した鵜の骨を分析し、この地方の鵜が初夏に沖合の島で雛を育てる習性のあることと遺跡の骨に未成熟の個体が含まれていることから、この遺跡の人が六～七月に居住して狩猟をおこなったと推測した。遺物の年代をきめる研究に終始するような文化的アプローチから脱却して、人類の行動にせまる生態学的アプローチが、考古学を人類学の一環に位置づける英米で早くから展開していたことを示している。

文化の影響関係によってその変化を説明・記述してきた伝播論など従来の文化史的考古学に対する不満は第二次大戦後徐々に高まっていたが、文化や社会の動きに対して、結果の記述だけではなく、因果関係などのプロセス的な説明を求めるようになっていく。六〇年代のアメリカにおけるルイス・ビンフォードを中心とした新しい考古学の一派、プロセス考古学派の台頭である。

プロセス考古学の特徴は、人間の自然環境への適応を重視するものであり、生態学的アプローチを積極的に導入した。そのための定量的な土壌のサンプリングやそのフルイがけ作業などで効率的に微細な動物の骨や植物の遺体を回収して、環境復元と資源に対するアプローチの分析に資するという調査の方法論が開発されたのである。

2◎戦前日本の生態学的研究

日本の近代考古学は、明治一〇年（一八七七）のアメリカ人、エドワード・モースによる東京府大森貝塚の発掘調査によって幕が開けたとされている。明治一二年に出版された『大森介墟古物篇』は、その発掘調査報告書である。報告書を紐解くと、今日の発掘調査報告書とあまり変わらない水準の高さに驚かされる。たとえば、大森貝塚で得られたすべての貝種を江戸湾海岸の現生種と比較して、条肋の数や殻長などの差異を明らかにし、それを当時ダーウィンが提唱していた進化論と結びつけて年代の変化ととらえた点や、大森貝塚で採集されたハイガイやスガイが現在の江戸湾では見られずに長崎に生息が確認されることから南へと後退していったという年代変化にともなう分布の変化を明らかにした点であり、それはモースがシャミセンガイという巻貝の研究を専門とする生物学者であったことに理由がある。

その後、坪井正五郎が東京大学に人類学教室をつくったが、モースの科学的な精神を正統に受けついだとはいえない。坪井はモースがつくった土器を貼り付けた標本板から土器をもぎ取ってしまったという逸話も伝わっている。日本人自らの手で人類学をリードしていこうという意気込みをもっていたことはわかるが、良いところを素直に吸収しなかったために、日本の考古学は何十年か後れを取ったとされる。モースのおこなった自然科学的な考察によって、たとえば貝塚の貝類の分析によって生態系と人間との相互関係を理解する研究方法は、なかば忘れ去られてしまったのである。

大森貝塚の発掘調査でモースの力になった東京大学の学生たちは、その後植物学や動物学に進むが考古学に進んだものはいない。これも、モースの考古学が継承されなかった現象の一つといってよい。明治の終わり頃に、岸上鎌吉によって優れた骨角器の論文も出版されるなど、動物考古学の基本的な研究もなされたが、岸上は動物学者であり、その後考古学の論文は書いていない。

戦前の動物考古学者で忘れることはできないのが、直良信夫である。直良はなかば独学で動物学や植物学を学んだナチュラリストであった。南方熊楠のような幅広い自然の分野で該博な知識をもった学者であり、明治期以来の一人で何でもこなすタイプの博物学者である。一九三八年に雄山閣から刊行された、人類学と考古学のシリーズ本である『人類学先史学講座』では、直良が三巻にわたって「史前日本人の食糧文化」と題して縄文・弥生時代の食料としての動植物とその獲得・調理技術を網羅的に執筆しているように、戦前のこの分野は直良の独壇場であった。このことは、直良が研究者としていかに優れていたかを物語っていると同時に、直良一人に頼らざるを得ない当時のこの分野に対する学問的状況を代弁するものでもある。

酒詰仲男は直良とはまた異なるタイプの研究者であった。左翼思想とプロレタリアートに共感をもった酒詰は、食料の獲得と生産の問題に興味をもって縄文時代の貝塚に特化した研究を進め、縄文時代の食料問題を生涯にわたって追究した。酒詰の人と学問は、数々の面白いエピソードとともに『貝塚に学ぶ』（学生社）に詳しい。ヒューマニストで門下生も多く輩出したが、自然環境とのかかわり、生態学的分野の自然遺物を扱う研究者は依然としてごく限られており、動物考古学の裾野は狭かった。

3◎戦後日本の生態学的研究

戦前の研究状況を引き継ぐかのように、限られた研究者がこの分野の研究を担う状況は戦後になってもしばらく続いた。

利根川流域の縄文貝塚の研究に打ち込んだ西村正衛の発掘調査や研究に共同研究者として加わっていた金子浩昌は、五〇年代から活躍した日本の動物考古学の草分け的な存在である。一九六五年より、戦後考古学を担うようになる若い考古学者が総力をあげて出版した『日本の考古学』（河出書房）は、戦前の考古学を一新する豊かな内容をもつ書物であったが、第二巻の縄文時代では土器の編年を核とした縄文文化の地域性に主眼がそそがれ、動物や植物など自然と人とのかかわりについて担当したのが金子ただ一人であるのは、当時のこの分野に対する関心の度合いを示すものである。

しかし、金子の研究方法には少なくとも二つの新たな側面を指摘することができる。一つは動物骨の同定や分析を後継者に指南して、斯学の裾野を広げていったことと、一九五六年に報告された千葉県の大倉南貝塚の魚骨や獣骨の出土量を発掘区ごとに層位的に提示し、同年に発掘された千葉県鉞切洞窟ではフルイがけ作業という新規の遺物回収方法を導入したことであった。この調査方法はたんにどんなものを食べていたのかを知るにとどまらず、獲得動物の比率や視認のみでは回収不可能な微細な遺物に目を向ける契機となり、その後の調査方法に継承された点に意義がある。

七〇年代になると、アメリカなどに留学していた研究者が、欧米流の調査研究方法を持ち帰ったり、生態史観を研究に取り入れる方法論の開拓が急速に進んでいった。

たとえば小池裕子は貝の成長線の分析によって縄文人の生業の季節性を明らかにし、赤澤威はマダイの体長組成から貝塚ごとの漁撈パターンの違いの研究に取り組んだ。

貝層のブロックサンプリングとフルイがけやウォーターセパレーション（水洗選別）といった組織的分析方法の導入も進み、それを適用した武井則道は、千葉県新田野貝塚の縄文時代前・中期の貝層の動物遺体データを小池裕子とともに細かく提示した。赤澤はそれにもとづき、前期から中期にかけての自然環境の変動が採集動物の種類と比率の変化をもたらしたことと、それにもとづいて縄文時代の性別分業のありようにまで迫る、大変重要な研究成果をあげたのである。

東京都伊皿子貝塚の調査を指揮した鈴木公雄はアメリカ留学の成果によって、貝塚の発掘調査を刷新し、カロリー計算などから縄文人の生活史の復元に取り組んだのも、東北歴史資料館による宮城県里浜貝塚の組織的調査とともに貝塚調査の流れを変えた成果といえよう。

七〇年代は、こうした動物考古学を含む環境考古学的研究の多様な取り組みが一気に開花した時代であった。一九八二年から刊行された『縄文文化の研究』全一〇巻（雄山閣）はそのうちの第一巻を環境考古学が占めて生態系の土台となる自然環境に関する論文が八本載り、第二巻の「生業」は約二〇人の動物考古学や植物考古学者によって執筆されている。その背景に、六〇年代からの高度成長経済に伴い自然環境の破壊が進行し、それに対する危機感から生態系への関心が高まっていったことがあげられるし、英米ですでに形成されていたプロセス考古学流の生態学的研究がどんどん導入されていったこともあげられよう。

日本のなかで独自に形成された側面をもつ、今西錦司や梅棹忠夫ら京都学派の生態史観派の傍系生態学者西田正規によって、福井県鳥浜貝塚の植物遺体を中心とした研究もまた生態学的考古学研究の進展に寄与するところ大であった。

金子の薫陶を受けた西本豊弘が国立歴史民俗博物館の研究室を母体として動物考古学会を立ち上げて雑誌『動物考古学』を刊行したのが一九九三年である。これが動物考古学研究の東の拠点となった。西本の弥生時代にブタを飼育していたという新見解は、動物考古学会立ち上げ当初の大きな問題提起であった。『人と動物の日本史1』（吉川弘文館）は、西本が編集した動物考古学による日本人と動物のかかわり史を一般向けに分かりやすくまとめた書物である。

西の拠点は、国立奈良文化財研究所に籍を置いていた松井章が、京都大学大学院で教鞭をとって、研究と研究者の育成に尽力した。松井は該博な知識と豊かな発想にもとづき歴史を通じて人と動物のかかわりをさまざまなテーマで研究を進めたが、『環境考古学への招待』（岩波新書）は、古代から近代までの動物考古学に関する数々の着想や研究成果の蓄積が盛り込まれた好著である。

金子を戦後第一世代とすれば西本や松井は第二世代であり、彼らを中心とする世代の研究者によって全国的に動物考古学が定着し、豊かな学問領域として育っていったのである。

4◎本書の構成とあらまし

現在、第三世代が引き継いで動物考古学を牽引している。

本書執筆者六名のうちの二名、新美倫子と植月学は第三世代を代表する動物考古学者であるが、新美はイノシシやシカなどの陸獣やアシカ・オットセイなどの海獣、イヌ・ブタなどの家畜等、哺乳類や鳥類を中心に広く人と動物の関係について研究を進めている。担当していただいたのは戌と亥―イヌとイノシシ―であり、いずれも縄文時代に人とのつきあいの歴史はさかのぼる。

イヌは縄文時代に狩猟犬として人のパートナーの役割をもっていたが、弥生時代に大陸からイヌを食べる風習が渡来して、利用形態も多様化した。本書では、江戸時代にいたるまでのイヌの体格の変化を追い、文献や絵画に出てくるイヌの情報、遺跡から発見されたイヌの墓も駆使しつつ、猟犬から食料としてのイヌ、愛玩犬から野良犬とその歴史を明らかにしているが、過去のイヌの多様な存在形態にイヌと人のつき合いの深さがしのばれよう。

イノシシもイヌと同様、食に焦点を当てながら北海道から沖縄という広い範囲で江戸時代にいたるまでの多様な利用がなされてきたことを描き出した。縄文時代にイノシシを飼育していた可能性も論じられているが、形態的にはやはり弥生時代のブタとは断絶があるようだ。

植月はおもに縄文時代の環境と生業や日本列島における牛馬利用史に興味をもって研究を進めている。

植月に担当していただいた子と卯―ネズミとウサギ―は、日本の古代では食料としてメジャーな動物ではないし、考古学的な造形品などもこれといったものが思い浮かばない。それを承知でお願いしたのだが、沈没船から見つかったハツカネズミの骨の分析から人間の壮大な移動や交易活動に迫る研究などいろいろなエピソードを紹介していただき、ウサギについては縄文時代の遺跡から出土した骨を分析し、イノシシやシカといったメジャーフードとウサギの骨の増減のなかに縄文人のウサギ利用の重要性やかれらの自然環境への働きかけの歴史的動向を引き出すなど、興味深い動物考古学本流の研究の一端を披露していただいた。

丑と午―ウシとウマ―を担当していただいた北條朝彦は、六名の執筆者のなかで唯一文献史を専門領域としている。正倉院文書や出土史（資）料が専門であるが、文献史学と考古学と民俗学の三学協業を柱とする国立歴史民俗博物館に研究補助員として、動物考古学に触れる機会をもった。

北條は、律令期〜鎌倉時代におけるウシとウマの利用形態を、食料、畜役、荷役、犠牲・生贄などの祈願・祭祀といったテーマに即して、『日本書紀』、『続日本紀』、絵巻などの文献絵画史料に加え、骨や馬具、木簡、絵馬や土馬、墨画土器といった遺跡から出土した考古資料を用いて多角的に論じた。古墳時代以降に海外から渡来したこれら動物に対して、世俗的特性の面はもとより信仰的特性にまでせまっている。

残る三名は、文化史的考古学を専門としている。

賀来孝代は鳥形考古遺物の研究を専門としており、なかでも古墳時代の鳥形埴輪に造詣が深い。銅鐸絵画に鳥が描かれているが、ツルだという意見が大勢を占めていたところ、長頸の鳥の生態を踏まえてツルもいればサギもいるとした新見解を発表して注目を集めた。

十二支の酉―トリ―は、鶏―ニワトリ―を指す。ニワトリは弥生時代に日本列島に渡来した。ニワトリの造形品は弥生時代終末～古墳時代初頭に数を増し、やがて埴輪に加わるようになるが、止まり木にとまる鶏形埴輪にヒントを得て、ニワトリの習性から僻邪の役割を見出している。

賀来には未―ヒツジ―も担当していただいた。ヒツジの考古学は賀来にとって初めてであったと思うが、中国漢代の画像石や画像磚、明器、揺銭樹、青銅鏡などのヒツジの造形を博捜し、韓半島から日本列島に渡来したヒツジの特性を律令期の硯や石碑の文字、正倉院御物や文献などをあげつつ、東アジア的な視点でまとめられたのは、生来の動物好きのなせる業といえよう。

小林青樹に寅と巳―トラとヘビ―を担当していただいたのは、近年における小林の研究事情を踏まえてのことである。二〇〇三年に国立歴史民俗博物館が、高精度年代測定法であるＡＭＳ法による炭素14年代測定と測定値の較正の結果、弥生時代の始まりが従来の見解よりも五〇〇年ほどさかのぼるという説を提示したが、それに興味をもった小林は、考古学による年代決定の根拠である中国の青銅器編年に取り組むようになった。

弥生時代になると鋸歯文というジグザグの文様が土器や青銅器に施されるようになるが、その意匠の源流を中国の東北地方でつくられた鏡の文様に求め、さらにそれがこの地方の前二〇〇〇年紀後半の剣の鞘に施されたヘビの意匠にさかのぼるという説を提示した。

弥生時代から古墳時代にかけて、青龍と白虎の意匠が日本列島に伝わるが、青龍は重視されたのに対して白虎には日が当たらない。その理由を青龍は東方という方位の象徴であり、中国に対して東方である倭を守る獣として意識されたから、というのは新説である。動物に対する意識を根底とした、ユーラシアをつなぐ思想的なつながりがおもしろい。

設楽は今から二〇年ほど前に当時の勤務先であった国立歴史民俗博物館で『動物とのつきあい』という展示を分担して縄文時代の動物形土製品をあつめた。その際に、サルの土製品にさまざまなバリエーションがあり、その変化過程に興味をひかれたが、本書では縄文人の食料としてのサルのあり方と、古代~中世における厩の神様としてのサルの信仰に関する考古学的研究に話を広げた。

辰―タツ―は中国に起源をもつ十二支獣唯一の説話上の生き物である。龍の考古学は、国立歴史民俗博物館におられた春成秀爾が研究を進め、次々と新しい説を展開しているが、それを整理しつつ弥生時代の考古学的な資料から龍と権力のかかわり、雨乞いとしての龍の性格に触れた。

本書は一つひとつの動物の話がそれぞれ独立したオムニバス形式で構成されている。自分の干支の動物や好きな動物から読んでいってもよいだろう。執筆者を各方面に依頼したのは、動物考古学が骨を扱う分野ばかりでなく、文化的遺物、造形品、文献、民俗資料など各種の素材を相手にしている分野にまたがっていることのあらわれでもある。本書を通じて考古学による人と動物のかかわりの歴史を紐解く面白さに触れていただければ幸いである。

＊本書作成にあたり、多くの方々・機関から写真・図版をご提供いただきました。とくに、四八頁図14は佐山サトル氏、リアルジャパンプロレス 平井丈雅氏にご高配を賜りました。また、石川岳彦氏（東京大学大学院人文社会系研究科研究員）には中国への掲載申請でお世話になりました。御礼申し上げます。

【設楽博己】

参考文献

◇子

阿部禎 一九九四『干支の動物史』技報堂出版

安倍みきこ 二〇〇五「遺跡の骨が教えてくれること」『小さな骨の動物園』六三－六五頁、INAX出版

植月学・金子浩昌 二〇〇二「動物遺体」『七社神社裏貝塚・西ヶ原貝塚Ⅲ・中里貝塚Ⅱ』一三九－一六七頁、東京都北区教育委員会

宇田川竜男 一九六五『ネズミ』中公新書

大場磐雄 一九八〇『十二支のはなし』ニュー・サイエンス社

金子浩昌 一九八四『貝塚の獣骨の知識』東京美術

ダイアモンド、ジャレド 二〇一二『文明崩壊 上：滅亡と存続の命運を分けるもの』草思社

納屋内高史・松井章 二〇〇八「カラカミ遺跡出土の動物遺体」『壱岐カラカミ遺跡Ⅰ』一二九－一四六頁、九州大学大学院人文科学研究院考古学研究室

平川南 二〇〇六「特論 畝田ナベタ遺跡出土木簡」『畝田東遺跡群Ⅵ』、石川県教育委員会

丸山真史・馬場基・松井章 二〇一一「須恵器に残された動物の足跡」『姫路市見野古墳群発掘調査報告』一七三－一七六頁、立命館大学文学部

矢部辰男 一九九八『ネズミに襲われる都市』中公新書

鄭桂玉他 二〇〇四『韓國 古代木簡』國立昌原文化財研究所

Antoine, D. 2008. The Archaeology of “Plague”. *Medical History. Supplement*. 27: 101-114.

Athens, S. J. 2009. *Rattus exulans* and the catastrophic disappearance of Hawai'i's native lowland forest. *Biological Invasions* 11: 1489-1501.

Cucchi, T. 2008. Uluburun shipwreck stowaway house mouse: molar shape analysis and indirect clues about the vessel's last journey. *Journal of Archaeological Science* 35 (11): 2953-2959.

Cucch, T. et al. 2012. On the origin of the house mouse synanthropy and dispersal in the Near East and Europe: zooarchaeological review and perspectives. In: *Evolution of the House Mouse*, eds. Macholan, M. et al. Cambridge University Press, pp.65-93.

Driscoll, C. A. et al. 2007. The Near Eastern origin of cat domestication. *Science* 317: 519-523.

Driscoll, C. A. et al. 2009. From wild animals to domestic pets, an evolutionary view of domestication. *PNAS* 106 (Supplement 1) 9971-9978.

Hunt, T. L. and Lipo, C. P. 2009 Revisiting Rapa Nui (Eastern Island) “Ecocide”. *Pacific Science* 63 (4): 601-616.

Jones, E. P. et al. 2012. Fellow travellers: a concordance of colonization patterns between mice and men in the North Atlantic region. *BMC Evolutionary Biology* 12: 35.

Lipo, C. P. et al. The ‘walking’ megalithic statues (moai) of Easter Island, *Journal of Archaeological Science* 40 (6): 2859-2866.

Matisoo-Smith, E. and Robins, J. H. 2004. Origins and dispersals of Pacific peoples: Evidence from mtDNA phylogenies of the Pacific rat. *PNAS* 101 (24): 9167-9172.

Mieth, A. and Bork, H. 2009. Humans, climate or introduced rats – which is to blame for the woodland destruction on prehistoric Rapa Nui (Easter Island)? *Journal of Archaeological Science* 37: 417-426.

Sloane, B. 2011. *The Black Death in London*. History Publishing Group.

Vigne, J. D., Guilaine, J., Debue, K., Haye, L., Gerard, P. 2004

Early taming of the cat in Cyprus. *Science* 304: 259
Wilmshurst, J. M. et al. 2008. Dating the late prehistoric dispersal of Polynesians to New Zealand using the commensal Pacific rat. *PNAS* 105 (22): 7676-7680

◇丑

加藤友康 二〇〇七「牛車」『歴史考古学大辞典』、吉川弘文館
川尻秋生 二〇一一『平安京遷都』岩波新書
佐伯有清 一九六七『牛と古代人の生活』至文堂
櫻井芳昭 二〇一二『牛車』（ものと人間の文化史一六〇）法政大学出版局
鈴木敬三 一九九五「牛車」『有職故実大辞典』、吉川弘文館
西本豊弘 二〇一〇「ウシ」『事典 人と動物の考古学』、吉川弘文館
北條朝彦 一九九八「古代人の動物観」『歴博』八九、国立歴史民俗博物館
松井章 二〇〇七「牛」『歴史考古学大辞典』、吉川弘文館
木簡学会編 一九九〇『日本古代木簡選』岩波書店
一九八八『世界大百科事典』三、平凡社
二〇一一『牧と考古学―牛をめぐる諸問題―』山梨県考古学協会

◇寅

飛鳥資料館 二〇〇九『キトラ古墳壁画四神―青龍白虎―』平成二一年度春期特別展図録
伊克昭盟文物站・内蒙古文物工作隊 一九八一「西溝畔漢代匈奴墓地調査記」『内蒙古文物考古』創刊号
石川岳彦 二〇〇一「戦国期における燕の墓葬について」『東京大学大学院人文社会系研究科・文学部考古学研究室研究紀要』第一六号
伊東員義 二〇一〇「寅年にちなんで」『都道府県展望』六一六号、四-七頁
梅原末治・藤田亮策 一九五七『朝鮮古文化綜鑑』養徳社
湖北省博物館 一九八九『曾侯乙墓』文物出版社
近藤喬一 二〇〇五「獅子山楚王陵出土黄金貝帯をめぐって」『アジアの歴史と文化』九、山口大学アジア歴史・文化研究会
財団法人泉屋博古館編 二〇〇二『泉屋博古 中国古銅器編』
邵清隆監修 二〇一〇『チンギス・ハーンとモンゴルの至宝展』東映
高島春雄 一九五五『動物渡来物語』学風書院
田中琢 一九八三「方格規矩四神鏡系倭鏡分類試論」『文化財論叢』奈良国立文化財研究所創立三〇周年記念論集、同朋舎
田広金・郭素新 一九八六『鄂爾多斯青銅器』文物出版
東京国立博物館 一九九七『大草原の騎馬民族―中国北方の青銅器―』東京美術
東京国立博物館 二〇〇五『中国北方系青銅器』竹林舎
今帰仁村教育委員会 一九九一『今帰仁城跡発掘調査報告書Ⅱ』、今帰仁村教育委員会文化財調査報告書第一四集
奈良県立橿原考古学研究所・京都大学・東京新聞編 二〇〇〇『大古墳展―ヤマト王権と古墳の鏡―』大塚巧藝社
濱田陽 二〇一〇「日本十二支考〈寅〉」『帝京大学文学部紀要 日本文化学』第四一号、帝京大学文学部日本文化学科
林巳奈夫 二〇〇四『神と獣の紋様学―中国古代の神がみ―』吉川弘文館、二〇-二一頁
春成秀爾 二〇〇七a「日本の先史仮面」『儀礼と習俗の考古学』塙書房
春成秀爾 二〇〇七b「防牌形銅飾りの系譜と年代」『縄文時代から弥生時代へ』（新弥生時代のはじまり 第二巻）、雄山閣
春成秀爾 二〇一〇「当顱の系譜」『国立歴史民俗博物館研究報告』第一五八集
楊澤蒙 二〇〇八『远祖的倾诉―鄂尔多斯青铜器―』内蒙古大学出版社

吉野裕子 一九七九『蛇—日本の蛇信仰—』法政大学出版会
Bunker, Emma C., Kawami, S., Linduff, K. M., Wu En 1997. *Ancient Bronzes of the Eastern Eurasian Steppes*, from the Arthur M. Sackler Collection, the Arthur M. Sackler Foundation, New York

◎卯

秋田県埋蔵文化財センター 二〇〇九『秋田の狩猟文化』
阿部禎 一九九四『干支の動物史』技報堂出版
五十嵐謙吉 一九九八『十二支の動物たち』八坂書房
石上七鞘 二〇〇三『十二支の民俗伝承』おうふう
五城目町教育委員会 一九八四『中山遺跡』
佐藤宏之 一九九八「罠猟のエスノアーケオロジー」『民族考古学序説』同成社、一六〇・一七六頁
澤浦亮平 二〇一二「旧石器時代の狩猟活動」『考古学ジャーナル』六二五、一一・一四頁
茅野市神長官守矢史料館 一九九一(二〇〇六改訂)『神長官守矢史料館のしおり』
千葉徳爾 一九七五『狩猟伝承』法政大学出版局
奈良県立橿原考古学研究所附属博物館 二〇一〇『特別陳列 十二支の考古学—卯—』
西本豊弘 一九九五「縄文人は何を食べていたか」『縄文人の時代』新泉社、一〇三—一一九頁
濱田陽・李珦淑 二〇一一「うさぎたちと日本の近現代—日本十二支考〈卯〉生活文化篇—」『帝京大学文学部紀要 日本文化学』四二:一六九・一八四
マクブライド、アン(斎藤慎一郎訳)一九九八『ウサギの不思議な生活』晶文社
南方熊楠(飯倉照平校訂)一九七二『十二支考』平凡社
宮崎学 二〇〇八『森の動物記⑤ クマのすむ山』偕成社
宮崎学 二〇〇九『森の動物記⑦ 草食獣』偕成社
Steiner, M. C. et al. 2000. The tortoise and the hare. Small game use, the broad spectrum revolution, and Paleolithic demography. *Current Anthropology* 41 (1): 39-73.
Williamson, T. 2007. *Rabbits, Warrens, and Archaeology*. Tempus Publishing

◎辰

宇野隆夫 一九八六「井戸」『弥生文化の研究』七、雄山閣
周到呂品・沕文光編 一九八五『河南漢代画像』
曾布川寛 一九八一『崑崙山への昇仙』中公新書六三五、中央公論社
中国画像石全集編集委員会編 二〇〇〇『中国画像石全集』三
永野仁・岡本智子編 二〇〇九『倭人がみた龍』大阪府立弥生文化博物館
林巳奈夫 一九九三『龍の話』中公新書
春成秀爾 二〇〇〇「変幻する龍」『ものがたり 日本列島に生きた人たち 五 絵画』岩波書店
東和幸 二〇〇六「南九州地域の龍」『原始絵画の研究 論考編』六一書房
丸山顕徳・竹原威滋 一九九八『世界の龍の話』世界民間文芸叢書別巻、三弥井書店

◎巳

石川日出志 二〇一四「「漢委奴國王」金印と漢—魏晋代の古印—」『第五回高麗大学校・明治大学国際学術会議 文学と歴史を通じてみた東アジア』三六・四九頁、高麗大学校BK21Plus韓国語文学・韓

国史学未来人材育成事業団、明治大学大学院文学研究科
大谷光男 一九九四『金印研究論文集成』新人物往来社
金子裕之 一九九六『日本の美術 まじないの世界・一（縄文〜古代）』三六〇、至文堂
川崎市民ミュージアム 一九九五『「弥生の食」展—卑弥呼たちの食もの—』
甲元眞之 二〇〇六『東北アジア青銅器文化と社会』同成社
国立歴史民族博物館 一九九九『新弥生紀行—北の森から南の海へ—』
小林青樹 二〇〇六「縄文から弥生へ」『縄文のムラ弥生のムラ』茨城県立歴史館
小林青樹 二〇〇九「蛇剣信仰の起源」『東アジアの古代文化』一三七号、大和書房
小林青樹 二〇一一a「東日本の縄文祭祀」『中四国地方縄文時代の精神文化』第二二回中四国縄文研究会岡山大会
小林青樹 二〇一一b「縄文時代の葬送祭祀と象徴性—弥生時代との比較を念頭に—」『二〇一一年度日本考古学協会栃木大会予稿集』日本考古学協会栃木大会実行委員会
設楽博己 一九九八「黥面の系譜」『氷遺跡発掘調査資料図譜』氷遺跡発掘調査資料図譜刊行会
設楽博己 一九九九「黥面土偶から黥面絵画へ」『国立歴史民族博物館研究報告』第八〇集
高崎正秀 一九七一『高崎正秀著作集』第一巻 神剣考、桜楓社
辰巳和弘 一九九二『埴輪と絵画の古代学』白水社
天理大学附属天理参考館 一九九三『オルドス青銅器：遊牧民の動物意匠』天理大学出版部
東京国立博物館 一九九七『大草原の騎馬民族—中国北方の青銅器—』東京美術
東京国立博物館 二〇〇五『中国北方系青銅器』竹林舎
春成秀爾 一九九六「性象徴の考古学」『国立歴史民俗博物館研究報告』第六六集
春成秀爾 一九九七「精霊の絵」『原始絵画』（佐原真・春成秀爾著）、講談社
春成秀爾 二〇〇七「防牌形銅飾りの系譜と年代」『縄文時代から弥生時代へ』（新弥生時代のはじまり 第二巻）、雄山閣
松本直子 二〇〇五『縄文のムラと社会』（先史日本を復元する二）、岩波書店
三重県埋蔵文化財センター 二〇〇二『六大A遺跡発掘調査報告書』
山梨県立考古学博物館 二〇〇四『第二二回特別展 縄文の女神—人面装飾付土器の世界—』
楊澤蒙 二〇〇八『远祖的倾诉—鄂尔多斯青铜器—』内蒙古大学出版社
吉野裕子 一九七九『蛇—日本の蛇信仰—』法政大学出版会
遼寧省博 一九八九『中国の器展—遼寧省博物館所蔵 青銅器と陶磁—』
渡辺誠 二〇〇四「縄文の女神—人面・土偶装飾付土器にみる縄文人の精神世界—」『第二二回特別展 縄文の女神—人面装飾付土器の世界—』山梨県立考古学博物館

◈午

岩井宏實 一九七四『絵馬』（ものと人間の文化史一二）法政大学出版局
車崎正彦 二〇一〇「馬具」『事典 人と動物の考古学』吉川弘文館
玉田芳英 二〇〇七「土馬」『歴史考古学大辞典』吉川弘文館
西本豊弘 二〇一〇「ウマ」『事典 人と動物の考古学』吉川弘文館
野島稔 二〇一四「讃良の馬飼い集落と馬の埋葬」『考古学ジャーナル』六五八号
灰野昭郎 一九九七「柏木菟螺鈿鞍」『特別展図録 宮廷の美術』京都国立博物館
北條朝彦 二〇〇九「古代「絵馬」祭祀論」『續日本紀研究』三八一
北條朝彦 二〇一〇「絵馬」『事典 人と動物の考古学』吉川弘文館

水野正好 一九八三「馬・馬・馬—その語りの考古学—」『文化財学報』第二集、奈良大学文学部文化財学科
宮島義和 二〇〇七「木製祭祀具の考察—馬形木製品・蛇形木製品—」『信濃国の考古学』雄山閣
一九八八『世界大百科事典』三、平凡社
一九九九『国史大辞典』一、吉川弘文館
二〇〇七『歴史考古学大辞典』吉川弘文館
二〇〇三「馬鞍」『図録 正倉院展』奈良国立博物館
二〇一一『おうみ文化財通信』九巻、財団法人滋賀県文化財保護協会

◇未

石川松太郎 一九七三『庭訓往来』東洋文庫二四二、平凡社
江口保暢 二〇〇三『動物と人間の歴史』築地書館
大阪市立美術館編 一九五四『古代北方美術』綜藝社
大阪府立弥生文化博物館 一九九六『卑弥呼の動物ランド』
木村博明ほか 一九九〇『上野国分僧寺・尼寺中間地域（四）』群馬県教育委員会（財）群馬県埋蔵文化財調査事業団
国立歴史民俗博物館編 一九九七『古代の碑—石に刻まれたメッセージ—』
国立歴史民俗博物館編 一九九九『新 弥生紀行』朝日新聞社
佐原真 一九九七「木の実からお菓子へ、辛さから甘さへ」『「和菓子の歴史」展』虎屋文庫
正倉院事務所編 一九九四『正倉院御物一 北倉I』宮内庁、毎日新聞社
天理大学附属天理参考館 二〇〇三『ユニークな土器たち』
東京国立博物館 一九九八『吉祥—中国美術にこめられた意味』
東野治之 二〇〇五「多胡碑銘文の解釈」『古代多胡碑と東アジア』東野治之・佐藤信編 山川出版社
林敏雄 二〇〇七『スキタイと匈奴 遊牧の文明』講談社
林巳奈夫 一九九二『石に刻まれた世界—画像石が語る古代中国の生活と思想』東方選書、東方書店
平川南 二〇一二「多胡碑の輝き」『多胡碑が語る古代日本と渡来人』土生田純之・高崎市編、吉川弘文館
藤井純夫 二〇〇一『ムギとヒツジの考古学』同成社
武藤浩史 二〇〇一『ヒツジの絵本』農山漁村文化協会
山田康弘 二〇〇六「山陰地方の弥生絵画」『原始絵画の研究』論考編 設楽博己編、六一書房

◇申

岩崎志保 二〇〇七「鹿田遺跡出土猿形木製品について」『鹿田遺跡五—第七・八次調査—』岡山大学構内遺跡発掘調査報告第二三冊、岡山大学埋蔵文化財調査研究センター
大貫恵美子 一九九五『日本文化と猿』平凡社選書一五四、平凡社
小野正文 一九八七「山梨県釈迦堂遺跡群出土の『誕生土偶』」『考古学ジャーナル』二七二、ニュー・サイエンス社
折口信夫 一九五七『日本芸能史ノート』五二、人形の話、中央公論社
日下宗一郎 二〇一二「縄文時代の食性と集団移動」『考古学研究』五九・一
小杉康 二〇〇五「子生みの造形・鼻曲りの造形」『地域と文化の考古学I』明治大学考古学研究室
酒詰仲男 一九六一『日本縄文石器時代食料総説』土曜会
塚田孝 一九九四「近世猿飼の身分と職分」『身分的周縁』部落問題研究所出版部
西本豊弘 一九九一「縄文時代のシカ・イノシシ狩猟」『古代』第九一号、早稲田大学考古学会
林屋辰三郎 一九六〇『中世芸能史の研究』岩波書店
春成秀爾 二〇一〇「猿の橈骨製耳飾り」『渥美半島の考古学—小野田

勝一先生追悼論文集—』田原市教育委員会
藤沼邦彦 一九九七『縄文の土偶』歴史発掘三、講談社
藤森栄一 一九七三「縄文人のお産」『どるめん』一、雄山閣
南方熊楠（飯倉照平校訂）一九七二『十二支考』平凡社
柳田國男 一九五一「猿廻し」『民俗学辞典』東京堂出版
柳田國男 一九八九「山島民譚集（一）」『柳田國男全集』五、筑摩書房
吉本祥子 二〇〇〇「座産土偶」『季刊考古学』第七三号、雄山閣
渡辺誠 一九九七「足を広げた縄文土器」『堅田直先生古希記念論文集』

◇酉

秋篠宮文仁編著 二〇〇〇『鶏と人』小学館
岡本新 二〇〇一『ニワトリの動物学』林良博・佐藤英明編、東京大学出版会
岡山大学文学部考古学研究室 一九八六『岡山市雲山鳥打弥生丘墓群の調査成果』
荻中正和 一九九〇『吸坂丸山古墳群』加賀市教育委員会
賀来孝代 二〇〇〇「埴輪の鳥」『日本考古学』一四号、日本考古学協会
賀来孝代 二〇〇二「埴輪の鳥の雌と雄」『山口大学考古学論集』近藤喬一先生退官記念事業会
菊井佳弥 二〇〇八「一町西遺跡②」『大和を掘る 二六』奈良県立橿原考古学研究所付属博物館
来村多加史 一九九八「二〇一 銅鶏首」『博物館資料図録』関西大学博物館、一六六頁
佐原真 一九九三「ニワトリとブタ」『農耕の技術と文化』佐々木高明編、創美社
佐原真 一九八八「屋根の上のニワトリ」『考古学と技術』同志社考古学シリーズⅣ
佐原真・春成秀爾 一九九七『原始絵画』講談社
末永弥義編 一九八五『下稗田遺跡』行橋市教育委員会、下稗田遺跡調査指導会
寺島良安（島田勇雄ほか訳注）一九八七『和漢三才図絵』六、東洋文庫 四六六、平凡社
天理市教育委員会 二〇〇〇『西殿塚古墳・東殿塚古墳』
野本寛一 一九八四「鶏と焼畑」『焼畑民俗文化論』雄山閣
橋本輝彦・橋爪朝子 二〇〇七『纒向遺跡発掘調査報告書』桜井市教育員会
早川孝太郎 一九二五「雞の話其他」『民族』岩崎美術社
春成秀爾 一九九九「埴輪の絵」『国立歴史民俗博物館研究報告』第八〇集
宮田浩之編 一九九八『津古生掛遺跡Ⅱ』小郡市教育委員会
山口健児 一九八三『鶏』ものと人間の文化史 四九、法政大学出版会
（財）嶺南文化財研究院 二〇〇九『慶州 徳泉里遺跡Ⅲ』（韓国 慶州）

◇戌

植垣節也校注・訳 一九九七『新編日本古典文学全集五 風土記』小学館
金子浩昌 一九七五「葛西城址Ⅳ・Ⅴ区濠出土の動物遺体」『青戸・葛西城址調査報告Ⅲ』葛西城址調査会、一九七-二六三頁
金子浩昌・田中新史・西本豊弘 一九七一「動物遺骸」『高根木戸』船橋市教育委員会、二六六-二八二頁
かみつけの里博物館 二〇〇二『第一〇回特別展 犬の考古学』かみつけの里博物館
車崎正彦 二〇〇四「人物埴輪・動物埴輪」『考古資料大観第四巻 弥生・古墳時代 埴輪』小学館、三四一-三五〇頁
黒板勝美・國史大系編修會編 一九六五『類聚国史』吉川弘文館
黒板勝美・國史大系編修會編 一九六六『日本三代実録』吉川弘文館

黒板勝美・國史大系編修會編 一九六六『日本書紀』吉川弘文館
黒板勝美・國史大系編修會編 一九六八『続日本紀』吉川弘文館
黒板勝美・國史大系編修會編 一九七一『続日本後紀』吉川弘文館
茂原信生 一九八八「二八五号遺構出土のイヌ」『白金館址遺跡Ⅰ』白金館址遺跡調査会、一九四・一九六頁
茂原信生・芹澤雅夫 一九九〇「仙台坂遺跡出土の犬骨」『仙台坂遺跡』品川区教育委員会、一七一・一八〇頁
菅原弘樹 一九九六「動植物遺体」『山王遺跡Ⅲ』宮城県教育委員会、三三八・三六五頁
鈴木公雄 一九八一「墓石」『伊皿子貝塚遺跡』港区伊皿子貝塚遺跡調査団、一三二・一三五頁
新美倫子 二〇〇五「工学部一号館地点出土の動物遺体」『東京大学本郷構内の遺跡 工学部一号館地点』東京大学埋蔵文化財調査室、一八二・一九一頁
新美倫子（印刷中）「入院棟A地点出土の動物遺体」『東京大学本郷構内の遺跡 医学部附属病院入院棟A地点 研究編』東京大学埋蔵文化財調査室
西本豊弘 一九九四「朝日遺跡出土のイヌと動物遺体のまとめ」『朝日遺跡Ⅴ』愛知県埋蔵文化財センター、三二九・三三八頁
西本豊弘 二〇〇八「イヌと日本人」『人と動物の日本史一 動物の考古学』吉川弘文館、一八〇・一九一頁
西本豊弘 二〇一〇「イヌ」『事典 人と動物の考古学』吉川弘文館、一五六・一五九頁
西本豊弘 二〇一〇「日本の家畜の起源」『事典 人と動物の考古学』吉川弘文館、一四二・一四四頁
西本豊弘・鵜澤和宏・太田敦子・姉崎智子・樋泉岳二 二〇〇一「由比ヶ浜南遺跡出土の動物遺体」『神奈川県鎌倉市由比ヶ浜南遺跡 第二分冊』鎌倉市由比ヶ浜南遺跡発掘調査団、二四一・三九四頁
日本アートセンター編 二〇〇一『国宝上杉家本 洛中洛外図大観』小学館
長谷川端校注・訳 一九九四『新編日本古典文学全集 五四 太平記 一』小学館
松井章・茂原信生 一九九五「草戸千軒町遺跡出土の中世犬骨」『草戸千軒町遺跡発掘調査報告Ⅲ』広島県草戸千軒町遺跡調査研究所、二八九・三一二頁
山内忠平 一九五八「犬における骨長より体高の推定法」鹿児島大学農学部学術報告七、一二五・一三一頁
山根洋子 二〇一〇「江戸のペット事情」『事典 人と動物の考古学』吉川弘文館、一五〇・一五三頁
吉井始子編 一九七八『翻刻江戸時代料理本集成第一巻』臨川書店

◈亥

石黒直隆 二〇〇九「DNA分析による弥生ブタ問題」『弥生時代の考古学五 食糧の獲得と生産』同成社、一〇四・一一六頁
遠藤鎮雄編 一九八〇『和漢三才図会』三一書房
金子浩昌 一九八九「金生遺跡出土の獣骨」『金生遺跡Ⅱ（縄文時代編）』山梨県教育委員会、二二二・二四二頁
金子浩昌 一九九一「骨集積」『三栄町遺跡（骨角貝製品・動物遺存体編）』新宿区教育委員会、九九・一七九頁
金憲奭 二〇一一「韓国における家畜の起源―ブタ・ウシ・ウマを中心に―」総合研究大学院大学提出博士論文
車崎正彦 二〇〇四「人物埴輪・動物埴輪」『考古資料大観第四巻 弥生・古墳時代 埴輪』小学館、三四一・三五〇頁
佐原真 一九九六『食の考古学』東京大学出版会
波形早季子 二〇〇九「弥生時代の卜骨の再検討」國學院大學伝統文化リサーチセンター研究紀要一、四七・六七頁
新美倫子 二〇〇九「弥生文化の家畜飼育」『弥生時代の考古学五 食糧の獲得と生産』同成社、九五・一〇三頁
西本豊弘 一九八九「下郡桑苗遺跡出土の動物遺体」『下郡桑苗遺跡』

大分県教育委員会、四八・六一頁
西本豊弘 二〇〇七「観音寺遺跡出土の動物遺体」『観音寺遺跡（Ⅳ）第二分冊観察表・写真図版編』徳島県教育委員会・徳島県埋蔵文化財センター、二〇三・二一九頁
西本豊弘 二〇〇八「動物観の変遷」『人と動物の日本史一 動物の考古学』吉川弘文館、六一・八五頁
西本豊弘 二〇〇八「ブタと日本人」『人と動物の日本史一 動物の考古学』吉川弘文館、二一五・二二五頁
西本豊弘 二〇一〇「イノシシ」『事典 人と動物の考古学』吉川弘文館、七四・七七頁
西本豊弘 二〇一〇「ブタ」『事典 人と動物の考古学』吉川弘文館、一六四・一六五頁
西本豊弘 二〇一〇「縄文時代のブタ飼育」『事典 人と動物の考古学』吉川弘文館、一六六・一六八頁
西本豊弘 二〇一〇「弥生ブタ」『事典 人と動物の考古学』吉川弘文館、一六九・一七三頁
西本豊弘 二〇一〇「日本の家畜の起源」『事典 人と動物の考古学』吉川弘文館、一四二・一四四頁
西本豊弘・姉崎智子 一九九九「No.1・A東地点の動物遺体」『池子遺跡群Ⅸ 第一分冊』かながわ考古学財団、四〇九・四三九頁
西本豊弘・姉崎智子・太田敦子 二〇〇三「下太田貝塚出土の鳥類・哺乳類遺体について」『千葉県茂原市 下太田貝塚 分析編』総南文化財センター、二六九・二九一頁
西本豊弘・石坂雅樹 二〇一三「取掛西貝塚の動物遺体について」『取掛西貝塚（五）Ⅰ』船橋市教育委員会、六八・八〇頁
「日本の食生活全集沖縄」編集委員会 一九八八『聞き書 沖縄の食事』農山漁村文化協会
山根洋子・姉崎智子・西本豊弘「江戸薩摩藩邸の動物」『開館二十周年記念特別展 江戸動物図鑑—出会う・暮らす・愛でる—』港区立港郷土資料館、七〇・七九頁

◇〈解説〉動物考古学の今

赤澤威 一九八三『採集狩猟民の考古学—その生態学的アプローチ—』海鳴社
コリン・レンフルー＋ポール・バーン著、池田裕・常木晃・三宅裕監修 二〇〇七『考古学―理論・方法・実践』東洋書林
前尾繁三郎 二〇〇〇『十二支攷』第一巻子・丑、思文閣出版
南方熊楠（飯倉照平校訂）一九七二『十二支考』平凡社

写真所蔵・提供

口絵①天理大学附属天理参考館／②宮内庁書陵部所蔵、奈良県立橿原考古学研究所撮影／③高槻市教育委員会／④泉屋博古館／⑤早稲田大学會津八一記念博物館／⑥倉敷埋蔵文化財センター／⑦岡谷市教育委員会／⑧奈良県立橿原考古学研究所附属博物館所蔵、梅原章一撮影／⑨根津美術館／⑩Image: TNM Image Archives ／⑪奈良県立橿原考古学研究所／⑫高槻市教育委員会／⑬慶應義塾図書館／⑭弘前市立博物館／⑮東京大学人文社会系研究科附属北海文化研究 常呂実習施設／⑯古代エジプト美術館（渋谷）

子図3 植月撮影／図4 田原本町教育委員会／図5 石川県埋蔵文化財センター／図6 姫路市教育委員会／図7 北区飛鳥山博物館

丑図1 田原本町教育委員会／図2 奈良文化財研究所／図3 横須賀市教育委員会／図5 山口県防府天満宮／図6 浜松市博物館／図7 奈良県立橿原考古学研究所提供、阿南辰秀撮影／図8 photolibrary

寅図5 Image: TNM Image Archives ／図10 奈良県立橿原考古学研究所提供、阿南辰秀撮影／図12 奈良文化財研究所／図13 今帰仁村教育委員会／図14 リアルジャパンプロレス

卯図1 奈良県立橿原考古学研究所附属博物館／図2 太田市教育委員会、小暮昌典／図3 慶應義塾大学文学部民族学考古学研究室／図4 仙北市所蔵、秋田県埋蔵文化財センター提供／図5 秋田県五城目町教育委員会／図6上、左下 魚沼地域洞窟遺跡発掘調査団／図6右下 植月撮影／図7 魚沼地域洞窟遺跡発掘調査団

辰図4 佐賀県立博物館／図5 大阪府立弥生文化博物館／図6 岡山県古代吉備文化財センター／図7 倉敷埋蔵文化財センター／図9 藤枝市郷土博物館／図10 宗像大社

巳図1 南アルプス市教育委員会／図2 釈迦堂遺跡博物館／図3 山梨県立考古博物館／図5 安城市歴史博物館／図9 奈良文化財研究所／図11 天理大学附属天理参考館／図13 福岡市博物館

午図1 大阪府教育委員会／図2 奈良県立橿原考古学研究所附属博物館／図3 滋賀県教育委員会／図4 正倉院宝物／図5 宮内庁三の丸尚蔵館／図6 国立国会図書館／図7 滋賀県教育委員会／図8①②③ 奈良県立橿原考古学研究所／図10 日枝神社（沼津）所蔵、画像提供：東京国立博物館 Image: TNM Image Archives ／図11 奈良文化財研究所／図12 奈良県立橿原考古学研究所／図13 富山県埋蔵文化財センター

未図1 鳥取県埋蔵文化財センター／図2 天理大学附属天理参考館／図3 天理大学附属天理参考館／図4 Image: TNM Image Archives ／図5 賀来撮影／図6 三重県立斎宮歴史博物館／図7 高崎市教育委員会／図8 群馬県教育委員会／図9 菅間智代

申図1 東京大学総合研究博物館／図2 東北大学大学院文学研究科考古学研究室／図3 八戸市埋蔵文化財センター是川縄文館／図4 国立歴史民俗博物館／図5 大阪府立近つ飛鳥博物館所蔵、田原市教育委員会提供／図7 前橋市教育委員会／図8 岡山大学埋蔵文化財調査研究センター／図9 岡山大学埋蔵文化財調査研究センター所蔵、（株）コンテンツ撮影

酉図1 菅間智代／図3 岡山大学考古学研究室／図4 小郡市教育委員会／図5（財）嶺南文化財研究院／図6 加賀市／図7 桜井市教育委員会／図8 宮内庁書陵部／図10 関西大学博物館／図11 奈良県立橿原考古学研究所提供、阿南辰秀撮影

戌図1 東北歴史博物館／図2 国立歴史民俗博物館提供、右 陸前高田市教育委員会所蔵、中央 愛知県埋蔵文化財調査センター所蔵、左 東京大学埋蔵文化財調査室所蔵・渋谷区教育委員会所蔵／図3 Image: TNM Image Archives ／図4 米沢市（上杉博物館）／図5 港区立港郷土資料館／図6 港区立港郷土資料館／図7 東京大学埋蔵文化財調査室

亥図1 田原市教育委員会／図2 市立函館博物館／図3 大分県教育庁埋蔵文化財センター／図4 天理大学附属天理参考館／図5 岡山市教育委員会／図6 高崎市教育委員会／図7 新宿区教育委員会／図8 港区立港郷土資料館／図9 港区立港郷土資料館

図版出典（一部改変）

子図1 Cucchi T. 2008 ／図2 Matisoo-Smith, E. and Robins, J. H. 2004 ／図8 埼玉県教育委員会 1980『卜伝』

丑図4 市原市文化財センター 2003『市原市稲荷台遺跡』／図9 奈良国立文化財研究所 1985『木器集成図録 近畿古代篇』

寅図1 小林作成／図2 春成 2010 図20 ／図3 春成 2010 図15-3 ／図4 小林作成／図6 小林作成／図7 伊克昭盟文物站・内蒙古文物工作隊 1981 ／図8 小林作成／図9 石川 2001 ／図11 小林作成

卯図3左 澤浦 2012

辰図1 濮陽市文物管理委員会・濮陽市博物館・濮陽市文物工作隊 1988「河南濮陽西水坡遺址発掘簡報」『文物』1988年第3期、pp.1-6図版壹／図2 周到呂品・汤文光編 1985 ／図3 中国画像石全集編集委員会編 2000 ／図8 宇野 1986

巳図4 設楽 1999 図1 ／図6①② 小林作成／図7 小林作成／図8 小林作成／図10 三重県埋蔵文化財センター 2002 ／図12 春成 2007

午図9 山形県教育委員会 1984『俵田遺跡第2次発掘調査報告書』

申図6 設楽作成

酉図2 末永編 1985 p.314、第209図-313 ／図9 天理市教育委員会 2000 p.89, 90

カバー写真

右上から　小郡市教育委員会／山梨県立考古博物館／奈良県立橿原考古学研究所附属博物館所蔵、梅原章一撮影／泉屋博古館／藤枝市郷土博物館／宮内庁書陵部所蔵、奈良県立橿原考古学研究所撮影

左上から　弘前市立博物館／高槻市教育委員会／根津美術館／早稲田大学會津八一記念博物館／岡山大学埋蔵文化財調査研究センター／高槻市教育委員会

執筆者一覧（執筆順）

設楽博己（したら・ひろみ）　東京大学大学院人文社会系研究科 教授
……口絵①⑥⑩、はじめに、辰、申、解説

植月　学（うえつき・まなぶ）　山梨県立博物館 学芸員
……口絵②⑤、子、卯

北條朝彦（ほうじょう・ともひこ）　宮内庁書陵部 内閣府事務官
……口絵③⑧、丑、午

小林青樹（こばやし・せいじ）　奈良大学文学部文化財学科 教授
……口絵④⑦、寅、巳

賀来孝代（かく・たかよ）　（有）毛野考古学研究所 調査研究員
……口絵⑨⑪、未、酉

新美倫子（にいみ・みちこ）　名古屋大学博物館 准教授
……口絵⑫⑬⑭、戌、亥

熊木俊朗（くまき・としあき）　東京大学人文社会系研究科附属北海文化研究常呂実習施設 准教授
……口絵⑮

大城道則（おおしろ・みちのり）　駒澤大学文学部歴史学科 教授
……口絵⑯

編著者紹介

設楽博己（したら・ひろみ）

1956年群馬県生まれ。静岡大学人文学部卒業後、筑波大学大学院博士課程単位取得退学。博士（文学）。国立歴史民俗博物館考古研究部助手、同助教授、駒澤大学文学部助教授、同教授を経て、現在、東京大学大学院人文社会系研究科教授。専門は日本考古学。

主な著書に、『縄文社会と弥生社会』（敬文舎、2014年）、『さかのぼり日本史 外交編10 飛鳥～縄文』（共著、NHK出版、2013年）、『弥生再葬墓と社会』（塙書房、2008年）、『弥生時代の考古学』全9巻（共編、同成社、2008～2011年）、『先史日本を復元する 稲作伝来』（共著、岩波書店、2005年）、『三国志がみた倭人たち 魏志倭人伝の考古学』（編共著、山川出版、2001年）などがある。

十二支になった 動物たちの考古学

2015年12月1日　第1版第1刷発行

編著者＝設楽博己

発行者＝株式会社 新 泉 社

東京都文京区本郷2－5－12

TEL 03（3815）1662／FAX 03（3815）1422

印刷・製本／創栄図書印刷

ISBN978－4－7877－1508－1　C1021

縄文土偶ガイドブック　縄文土偶の世界
三上徹也著／A5判並製／212頁／2200円＋税

縄文土器ガイドブック　縄文土器の世界
井口直司著／A5判並製／200頁／2200円＋税

縄文時代ガイドブック　シリーズ「遺跡を学ぶ」別冊03
勅使河原彰著／A5判並製／96頁／1500円＋税

ここまでわかった！縄文人の植物利用《歴博フォーラム》
工藤雄一郎・国立歴史民俗博物館編／A5判並製／228頁／2500円＋税

海でつながる倭と中国　邪馬台国の周辺世界
奈良県立橿原考古学研究所附属博物館編／A5判並製／272頁／2500円＋税